日本共産党の百年を語る

志位和夫
Shii Kazuo

新日本出版社

目次

Ⅱ

はじめに

日本共産党は、二〇二二年七月一五日に、党創立一〇〇周年を迎えました。本書には、創立一〇〇周年にかかわって行った講演、一連の発言をおさめました。

(一)

本書の第一部には、二〇二二年九月一七日に行った日本共産党創立一〇〇周年記念講演「日本共産党一〇〇年の歴史と綱領を語る」をおさめました。

この記念講演は、時系列的に党史を語るというのではなく、日本共産党の一〇〇年を貫く特質を、「どんな困難のもとでも国民を裏切らず、社会進歩の大義を貫く不屈性」、「科学的社会主義を土台にした自己改革の努力」、「国民との共同――統一戦線で政治を変えるという姿勢を貫く」という三つの角度から語る構成にしました。

党創立一〇〇周年のさいに、いくつかのメディアから、「なぜ一〇〇年間、続いたのか」という質問が寄せられました。私は、この質問は、とても重要な意味をもつものと感じました。一つの政党が一世紀にわたって生命力を保ち、未来にのぞもうとしていることの意義は小さくありません。日本には一〇〇年を超える歴史をもつ政党は、文字通り日本共産党ただ一党しかありません。その理由をお話しすることは、日本共産党の真実の姿を伝えていくことになるだろうと考え、「三つの特質」という整理で一〇〇年を語ってみようと構想をたて、記念講演を準備しました。

「三つの特質」という構成にそって、その素材は、かなり自由に選びました。「不屈性」にかかわっては、天皇絶対の専制政治の変革に挑んだ戦前のたたかい、アメリカの対日支配の打破を戦略的課題にすえた戦後のたたかいを論じています。「自己改革」にかかわっては、外国勢力の干渉によってわが党が不幸な分裂におちいった「五〇年問題」を克服する過程で、党がかちとった自主独立の路線の確立という自己改革、それを土台にした政治路線と組織路線の発展についてお話ししています。「国民との共同」については、一九六一年の綱領路線の確立以降の六〇年余の「政治対決の弁証法」とも呼ぶべき支配勢力との激しい攻防のなかで、わが党が統一戦線をどのように探究・発展させたのかを論じています。

（二）

本書の第二部には、それから一年後、二〇二三年九月一五日に行った日本共産党創立一〇一周年記念講演「歴史に深く学び、つよく大きな党を――『日本共産党の百年』を語る」をおさめました。

日本共産党は、党創立一〇〇周年記念講演を踏まえ、記念講演を行った直後の二〇二二年九月に、常任幹部会のもとに党史編纂《へんさん》小委員会を設置し、基本構想をたて、二〇二二年一二月から『日本共産党の百年』の編纂作業を本格的にすすめ、二〇二三年七月二五日、党史『日本共産党の百年』を発表しました。

『百年』史は、『日本共産党の八十年』いらい二〇年ぶりに発表した党史となりましたが、それは『八十年』史に、最近の二〇年を付け加えたというものではありません。党創立一〇〇周年の時点で、わが党が到達した政治的・理論的・組織的到達点を踏まえて、一〇〇年の党史の全体を振り返り、叙述する内容となるようにまとめました。

その全体を通じて、私たちが最も心がけたのは、わが党が、古い歴史にしがみつこうという勢力から、また外国の覇権主義の諸勢力から、つねにさまざまな非難や攻撃にさらされ、それを打ち破りながら自らの成長をはかっていく、生きた攻防のプロセス――「たたかいの弁証法」としての歴史を明らかにすることでした。『百年』史では、一〇〇年の歴史の全体を通じて、そのことが浮き彫りになる構成と叙述になるように努めました。

党創立一〇一周年記念講演は、『百年』史を踏まえ、基本的には時系列にそって、「戦前の不屈の活動」、「戦後の十数年」、「綱領路線の確立以後（一）～（三）」の党史の中心点をお話ししています。それぞれの時代で「たたかいの弁証法」がどのように展開したのか、党が攻撃や迫害に正面から立ち向かってどういう成長をとげたのか、その足跡がより鮮明に浮き彫りになるようにと心がけて講演を準備しました。

たとえば、「戦前の不屈の活動」では、日本共産党が天皇制権力による一九二八年と二九年の二度にわたる大弾圧を経た一九三〇年代初頭の時期に、日本共産党の政治的・社会的影響力が戦前で最大のものとなったという事実を明らかにしています。

「戦後の十数年」では、旧ソ連のスターリンによる干渉と、党の不幸な分裂という試練を乗り越えるなかで、党が政治的・理論的に大きな自己変革をとげた〝波瀾万丈《はらんばんじょう》〟の歴史を、ひとくくりの大きな流れのなかで明らかにしています。

「綱領路線の確立以後」では、日本共産党がこの六〇年余に三つの躍進の波をつくりだしたこと、それに対して支配勢力が反共キャンペーンと政界の反動的再編でこたえたこと、党がそれに立ち向かって次の時代を拓いたことが、浮き彫りになるようにしました。

この記念講演では、党が、一〇〇年におよぶそれぞれの時期に、党建設の面でどのような努力をしてきたのか、そこにはどのような前向きの教訓があり、弱点や課題があったのかについても、一つの重点を置いてお話しするようにしました。この記念講演の標題にもした「歴史に深く学び、つよく大きな党を」――ここにこそ、私たちが一〇〇年余の党史から引き出した結論と決意があります。

（三）

本書の第三部には、党創立一〇〇周年にかかわる記者会見での発言などをおさめています。

党創立一〇〇周年の前日、二〇二二年七月一四日に行った記者会見「日本共産党の歴史は、今に生きる力を発揮している」は、「不屈性」「自己改革」「国民との共同」という一〇〇年を貫く「三つの特質」を明らかにするとともに、この「三つの特質」が過去の問題にとどまらず、今に生きる力を発揮していることを、①日本国憲法に実った戦前のたたかい、②どんな国であれ覇権主義を許さない、③国民の共同の力で社会変革を進める、④社会変革の大目標として社会主義・共産主義の実現を掲げ続けている、という四つの角度から明らかにしています。

党史『日本共産党の百年』を発表した二〇二三年七月二五日の記者会見「歴史への貢献と自己改革続けた党」は、『百年』史の全体の特徴を明らかにするとともに、その概要について語っています。そのなかで、私は、「世界には、一〇〇年を超える歴史を持つ党は数多く存在します。しかし歴史への貢献と、自己分析性の両面で、一〇〇年に及ぶ一貫した党史を持つことができる党は、世界を見渡してもそうはないということがいえるのではないか」とのべました。日本共産党の歴史は、またそれに厳しい自己分析を加えてまとめたあげた党史をもつことは、世界的に見ても誇るべきものといってよいのではないかと、私は考えるものです。

第三部には、党創立一〇一周年の二〇二三年七月一五日に発表した入党のよびかけ「党創立一〇一周年の記念の月、どうか日本共産党の一員に」もおさめました。このよびかけでは、わが党の歴史を「開拓と奮闘の一〇一年」と特徴づけて、凝縮して叙述し、「古い政治にしがみつく勢力からの攻撃は、新しい政治をつくるものの名誉だと考えて、多くの方々と力をあわせて打ち破っていく」との決意をお伝えし、入党をよびかけています。

(四)

日本共産党という政党がどういう党かを知っていただくうえで、まず何よりも大切なのは、党の綱領であることは論をまちません。そこには、私たちが、今日の世界と日本をどのようにとらえているのか、どのように現実を変革しようとしているのかのプログラムがのべられています。

同時に、綱領でのべられているどの命題にも、歴史が刻まれています。それは一〇〇年余に及ぶ先人たちの開拓と苦闘の全体――日本と世界の社会進歩に献身した生きた人間のたたかいが込められています。綱領は、歴史が集積された政治的・理論的到達点でもあるといえましょう。私たちが歩んできた歴史を理解していただいてこそ、日本共産党の全体像を理解していただくことができるでしょう。

党史『日本共産党の百年』が広く読まれることを心から願うとともに、本書が日本共産党を理解するうえでのささやかな一助になることを願うものです。

二〇二三年一二月一日　　志位　和夫

I

日本共産党一〇〇年の歴史と綱領を語る

――日本共産党創立一〇〇周年記念講演（二〇二二・九・一七）

全国のみなさん、こんにちは。ご紹介いただきました日本共産党の志位和夫でございます。きょうは、私たちの記念講演会にご参加いただき、まことにありがとうございます。

今年二〇二二年は、一九二二年七月一五日に日本共産党が創立されて一〇〇周年の記念すべき年です。この一世紀は、世界でも日本でも、多くの悲劇とともに巨大な進歩が刻まれた一世紀でした。

一〇〇年のわが党の歴史は、この党とともに社会進歩の道を歩んだ多くの先輩たちの奮闘、この党をさまざまな形で支援してくださった多くの国民のみなさんによって支えられたものであり、私は、そのすべてに心からの敬意と感謝をのべるものであります。

きょうは、「日本共産党一〇〇年の歴史と綱領を語る」と題してお話をいたします。

この間、いくつかのメディアから、「なぜ一〇〇年間、続いたのか」という質問が寄せられました。たしかに、一つの政党が一世紀にわたって生命力を保ち、未来にのぞもうとしていることの意義は小さくないと思います。私は、この問いに対して、日本共産党の一〇〇年を貫く三つの特質をあげたいと思います。そして、この特質を〝次の一〇〇年〟を展望しても貫き、発展させていくという決意をのべるものです。

きょうの講演は、例年よりも多少長くなりますが、なにぶん「一〇〇周年」というのは一〇〇年に一回しかありませんのでご容赦いただき、どうか最後までよろしくお願いいたします。

一　どんな困難のもとでも国民を裏切らず、社会進歩の大義を貫く不屈性

みなさん。日本共産党の党史を貫く第一の特質は、どんな困難のもとでも国民を裏切らず、社会進歩の大義を貫く不屈性であります。

不屈性と言った場合、ただやみくもに頑張るというものではありません。科学の立場で社会発展の先々の展望を明らかにする先駆性と一体になった不屈性こそが、日本共産党の特質であります。

戦前――天皇絶対の専制政治の変革に正面から挑む

この挑戦は文字通り命がけの勇気を必要とするものだった

戦前の党の歴史における不屈性は、何よりも天皇絶対の専制政治――絶対主義的天皇制の変革に正面から挑むという姿勢と一体のものでした。

戦前の天皇制は、今日の天皇の制度とはまったく違います。それは、天皇が国の全権力を一身に集め、国民を無権利状態におく専制国家であり、天皇の命令一つで国民を侵略にかりたてる戦争国家でした。

日本共産党が誕生する前にも、自由民権運動をはじめ、自由と民主主義を求めるさまざまな運動が生まれ、その最も先駆的な人々のなかには「国民主権」の主張も現れました。しかし、天皇制の問題を正面から問うところまで進んだ運動は、残念ながらなかったのです。

日本共産党の誕生は、日本社会の発展の最大の障害物であった天皇絶対の専制政治の変革に、科学的社会主義の立場に立って、正面から取り組む政党が、日本に初めて現れたという歴史的意義をもつものとなりました。それは侵略戦争反対、国民主権の実現など、平和と民主主義の問題でも、これに正面から真剣に取り組む政党が初めて現れたという国民的意義をもつものでした。

天皇制に対する態度は、社会進歩の立場を貫けるかどうかの最大の試金石ともなりました。戦前の日本では、日本共産党ははじめから非合法とされましたが、社会民衆党、社会大衆党など、一般に「社会主義」を名乗る政党は合法政党として存在が認められていました。彼らは「社会主義」や「財閥打倒」を唱えましたが、天皇制には従順でした。そうした諸党がどういう道をたどったか。太平洋戦争に向かう時期、保守政党とともに、「大政翼賛会」に合流して侵略戦争を推進するという道に落ち込んだのであります。

悪名高い治安維持法は、一九二八年の改悪によって、「国体を変革」するもの——天皇絶対の専制体制を変革するものへの刑罰は死刑を含む最も重い刑罰に引き上げられましたが、「私有財産」制度を否認するもの――社会主義をとなえるものへの刑罰は、改悪前の「一〇年以下の懲役・禁錮」のままとされました。これは暗黒権力が何を最も恐れていたかを明瞭に示すものでした。天皇絶対の専制政治への挑戦は、文字通りの命がけの勇気を必要とするものだったのであります。

弾圧に抗しての先駆的活動――その社会的影響力は大きなものがあった

治安維持法と特高警察による弾圧と迫害によって、多くの先輩たちが命を落としました。命を落とした先輩たちのなかには、川合義虎、渡辺政之輔、上田茂樹、岩田義道、小林多喜二、野呂栄太郎、国領五一郎、市川正一などの諸先輩がいます。

わが党の歴史には、不屈のたたかいを貫き命を落とした多くの若い女性党員のたたかいが記録されています。伊藤千代子、高島満兎《まと》、田中サガヨ、飯島喜美《きみ》――この四人の同志は、それぞれ二四歳という若さで命を落としています。伊藤千代子の女学校の先生だった歌人の土屋文明が、理想に殉じた彼女の死を悼《いた》んで、「こころざしつつたふれし少女《おとめ》よ新しき光の中におきて思はむ」とうたったことは、広く知られています。

みなさん。こうした先人たちをもつことは、わが党にとっての誇りにとどまらず、日本国民にとっても誇るべきことといってよいのではないでしょうか。

私は、日本共産党が、当時、女性解放の旗を先駆的・徹底的に掲げた党だったことを強調し

戦前の激しい弾圧の中、不屈のたたかいを続け、命をおとした人びと。上段左から上田茂樹、岩田義道、西田信春、小林多喜二。下段左から川合義虎、渡辺政之輔、野呂栄太郎、国領五一郎、市川正一

たいと思います。そのたたかいがいかに先駆的だったか。当時の弾圧法・治安警察法は、女性の政党への加入を禁じていました。世論と運動におされて女性の政治集会への参加までは認められましたが、政党への加入は治安警察法が撤廃された戦後まで禁圧されたままだったのです。すなわち当時、合法とされた政党は、すべて男性のみで構成されていたのです。今日、女性の政治参加の問題は、ジェンダー平等の重要な柱になっていますが、この時代に、日本共産党は、多くの女性党員をもち、女性党員の誇るべきたたかいを歴史に刻んだ唯一の党だったのであります。

日本共産党が、〝ここに日本共産党あり〟という旗を国民の前に立てて活動できたのは、一九二八年二月の党機関紙「赤旗《せっき》」創刊から、三五年三月、弾圧によって党中央委員会が活動停止に追い込まれるまでの七年間でした。しかしその社会的影響力は大きなものがありました。

「赤旗」の発行部数は最高時に七〇〇〇部に達し、その一部一部が回し読みされ、読者は数万人にのぼりました。小林多喜二や宮本百合子の作品は、『中央公論』や『改造』という当時一流とされた総合雑誌が競いあって掲載しました。野呂栄太郎が中心になって岩波書店から刊行した『日本資本主義発達史講座』は、当時の大蔵省、農林省、商工省の役人にも広く読まれるなど一般からも高く評価されました。それは、今日から見ても歴史学と経済学における科学的な金字塔というべき偉業であります。

のちに「九条の会」の呼びかけ人の一人となった、評論家の鶴見俊輔さんは、当時の知識人から見た日本共産党の存在を「北斗七星」にたとえましたが、それはこの時代の日本共産党の存在と役割がどんなに大きなものであったかを示すものではないでしょうか。

戦後の新しい社会を準備する豊かな営み――宮本顕治・宮本百合子の一二年

一九三五年、弾圧によって党中央の活動は中断に追い込まれました。これをもって「党は壊滅した」と断ずる論者もいます。しかし、私が強調したいのは、党の活動は続けられ、その中には戦後の新しい社会を準備する豊かな営みも生まれたということです。

ここでは戦前・戦後、党の指導者として大きな足跡を残した宮本顕治さんと、その妻で著名な革命的・民主主義的作家の宮本百合子さんの一二年のたたかいを紹介したいと思います。ここでいう一二年とは、宮本顕治さんが逮捕された一九三三年一二月から、敗戦によって解放された一九四五年一〇月までの一二年です。

一九五〇年〜五二年に宮本顕治・宮本百合子の書簡集『十二年の手紙』が発行され、広く読まれました。この時の書簡集は抜粋のものでしたが、今では顕治・百合子のほぼすべての書簡が読めます。私は、講演の準備であらためて通読しましたが、そこには非転向の日本共産党員として獄中闘争をたたかいぬく顕治と、戦争非協力を貫き検挙、投獄、執筆禁止など絶えず迫害を受けながら日本共産党に所属する人民的作家として苦闘する百合子の、不屈の精神的交流の記録がしるされており、深い感銘を覚えました。

獄中の顕治から百合子に対する援助や助言がしばしば行われています。そのなかには一九三八年、百合子が獄中への書簡で「急襲的な批判」――〝不意打ちの批判〟と呼んだ、百合子の生活と文学の問題点に対する厳しい批判もありました。一九四三年に顕治が百合子にあてた書簡では、戦時中に文学者を戦争に協力させる組織としてつくられた「文学報国会」が企画した作品集に対して、一切縁を持たない姿勢を貫くことがどんなに大切かを、繰り返し説いています。「良心的に生きるために一見孤独が避け難いときには、いさぎよくその孤独を受け入れることが真の文学者だろう。そんな孤独は……実は少しも孤立ではないのだから」。顕治はこう言って百合子を励ましています。これらの顕治の援助や助言と、それに誠実に全力でこたえた百合子の奮闘が、一二年の時期に、百合子を大きく成長、飛躍させたことが、二人の書簡に記録されています。

一二年の最初の時期には、自らを「おさなさ」という言葉で特徴づけていた百合子は、終戦直後に顕治にあてた手紙で、自分が作家として「一点愧《は》じざる生活を過した」とのべ、それができたのは「無垢《むく》な生活が傍らに在った」からだと顕治への感謝をのべています。百合子が、一二年に大きく成長し、戦後、日本文学の巨匠としてたち現れることができたのは、顕治の援助と助言、それにこたえる百合子の誠実な努力の結果だったと思います。

1948年の宮本顕治と百合子

同時に、強調されなければならないのは、顕治の獄中・法廷闘争は、百合子の最大限の支援・参加なしにはありえなかったということです。一九五一年、百合子が急逝した直後に、顕治は、「百合子追想」「百合子断想」などの論文で、顕治が、一九三七年、腸結核が悪化して、死は時間の問題と思われていた時に、予審判事が、「『人並み』に一応調書だけとれば外の病院で死なせることぐらいできる」と言った。その誘いを拒絶して頑張りぬいたたたかいに対して、百合子がとった態度を次のように回想しています。

「百合子自身も、その間一度も私に『人並みに死ねる』ための妥協をすすめることなく、私の死との格闘をやさしい勇気ではげまし、正しく生きるための不可避的な帰結をも卑怯《ひきょう》なごまかしでさけさせようとはしなかった」

「巣鴨拘置所の病監で病死が近いとみなされていた私が腸出血と衰弱に歩くのもやっと病舎の面会室に現われたときも、彼女はいつもやさしく力をこめて、『どう』と心から微笑《ほほえ》みかけることをやめなかった」

百合子は、投獄による健康悪化、経済的困窮のもと、裁判に関わる全記録を自分の費用でつくりあげ、公判闘争で顕治が暗黒権力の捏造《ねつぞう》を論破するために必要な材料を準備しぬきました。そのことについて顕治は、「権力側のデマが敗退し、真実が守り抜かれた……背後には、百合子自身の窮乏と艱苦《かんく》による大きな犠牲的努力がひそんでいた」と深い感謝とともに回想しています。

こうして二人は、日本軍国主義の敗戦を、成長と成熟のなかで、確かな備えをもって迎えました。それは戦後まもなく執筆され、百合子自身が「溢《あふ》れる川のように溢れて書かれた作品」と呼んだ『播州平野』『風知草』、さらに自ら「中途の一節」と呼んだ大作『道標』など、彼女の文学のなかにも現れました。

一二年に二人が交わした書簡、不屈の精神的交流の記録には、百合子を、一人の女性として、その才能、個性、人格を尊重し、その成長のために心を砕く顕治の姿が刻みこまれています。また、そこには、顕治の闘争をあらゆる犠牲を払いながら、共同の事業として支援するとともに、その助言を全身で受け止め成長する百合子の姿が刻みこまれています。

こうした、人格を互いに尊重しあい、互いに支えあう二人の姿は、当時の時代的条件のもとで、抜きんでたものといえるのではないでしょうか。それは、最も困難な時代に、どのような姿勢で困難に立ち向かい、次の時代を準備するかについて、いまを生きる私たちへの限りない励ましになっているのではないでしょうか。

日本共産党が命がけで掲げた主張は、日本国憲法の中心的内容に実った

戦前の日本共産党のたたかいには、未熟さ、誤り、失敗もありました。裏切りや脱落もありました。しかし、私は、二三年にわたる日本共産党の戦前史は、世界の近現代史の中でも、誇るに足る歴史だと考えるものです。

そして、その不屈のたたかいの正しさは、歴史が証明しました。わが党が主張した国民主権、侵略戦争反対の旗は、日本国憲法に書き込まれました。のちに「九条の会」の呼びかけ人ともなった評論家の加藤周一さんは、一九六一年に発表した「日本人の世界像」と題する論文で次のようにのべています。

「天皇主権の廃止・大地主制度の廃止・貴族院と枢密院の廃止・常備軍の廃止・普通選挙の実行・言論集会結社の自由・八時間労働制・最低賃銀制・社会保険・労働組合の法認は、今日の憲法の約束するものである。そのなかで大地主制度の廃止を『大私有地の無償没収と国有』と書き代えただけの綱領を掲げて一九二二年に結成された政党は、非合法政党としてしか存在のしようがなかった。その政党とは日本共産党である」

日本共産党が――日本共産党ただ一党が――、戦前、命がけで掲げた主張が、日本国憲法の中心的内容に実ったという評価であります。

二〇〇七年、宮本顕治さんが亡くなったさいに、加藤周一さんが、「宮本さんは反戦によって日本人の名誉を救った」という心のこもった弔意の言葉を寄せてくださったことは忘れられません。これは日本共産党の存在と活動の全体に当てはまる評価ではないでしょうか。戦前の日本共産党の不屈の奮闘は、日本人の名誉を救い、日本国憲法の原理となり、日本国民全体にとっての財産となっていると言っていいのではないでしょうか。

戦後――アメリカの対日支配の打破を戦略的課題にすえる

綱領論争（一九五七年～六一年）の二つの焦点と、六一年綱領の確定

戦後の日本共産党の不屈の歩みを支える画期となったのは、一九六一年の第八回党大会で確定した綱領路線――民主主義革命を当面の任務とし、社会主義的変革にすすむという路線でした。わが党は、一九五七年～六一年に、足かけ五年にわたる綱領論争を行い、現綱領の土台となる六一年綱領を確定しました。

このときの綱領論争には二つの焦点がありました。

一つは、アメリカの対日支配を打破する「反帝独立」の課題を、革命の戦略的任務として位置づけるかどうかという問題でした。綱領草案への反対論は、〃いまのアメリカ従属のさまざまな現象は、占領時代の遺物であって、講和条約で独立国家になったのだから、日本の経済発

展が進んでいけば、おのずから解決してゆく〟と、アメリカの対日支配の打破を、革命の戦略的課題にすることに反対するというものでした。

もう一つは、独占資本主義——財界・大企業の横暴な支配を打ち破るたたかいを「反独占」の民主主義革命ととらえるか、社会主義革命ととらえるかという問題でした。綱領草案への反対論は、「反独占」ならば社会主義革命以外にないというものでした。

一九六〇年の日米安保条約改定に反対する国民的大闘争、さらに大量の指名解雇に反対した三井三池炭鉱闘争の経験を経て、六一年の第八回党大会で全党が一致して出した結論は、「反帝反独占」の民主主義革命——今の綱領の言葉で言えば異常な対米従属と大企業・財界の横暴な支配を打破する民主主義革命を当面の戦略的任務とすることでした。それは、当時の国内外の「常識」をくつがえすきわめて先駆的でユニークな路線でした。

銀座を行く安保反対の大デモ（1960年7月2日）

とりわけ、わが党が、アメリカの対日支配の打破を革命の戦略的課題にしっかりとすえたことは、その後のわが党の不屈のたたかいの最大の支えとなりました。

その後の歴史は、六一年綱領の正しさを

三池闘争における「うたごえ行動隊」。労働歌を歌ってたたかいを励ました

証明しました。経済発展とともに、対米従属は解消されるどころか、日本はアメリカの世界戦略にいよいよ深く組み込まれ、従属はいよいよ深刻になりました。軍国主義復活への動きと海外派兵も、アメリカへの従属の深まりと一体にすすみました。独占資本主義——大企業・財界の横暴な支配をただすたたかいが、社会主義の課題でなく、民主主義の課題であることは、今では論じる必要もないほど明らかになっています。

沖縄の不屈のたたかい——沖縄人民党と瀬長亀次郎さんが果たした先駆的役割

ここでとくにお話ししたいのは、沖縄の不屈のたたかいの歴史です。

まず九月一一日（二〇二二年）に行われた沖縄県知事選挙で、「オール沖縄」の玉城デニー知事が圧倒的勝利をかちとったことを、みんなで喜びあいたいと思います。岸田政権に対して、選挙戦で示された「辺野古に新基地はつくらせない」「普天間基地の即時閉鎖・撤去」という沖縄県民の揺るがぬ民意を重く受け止めることを、強く求めるものであります。

戦後、沖縄は、米軍の直接統治下に置かれ、一九五二年のサンフランシスコ平和条約第三条によって本土から切り離されて、米軍の苛酷《かこく》な植民地的支配のもとに置かれました。この暴圧のもと、一九四七年七月に創立された沖縄人民党は、米軍の苛酷な弾圧に抗して、祖国復帰運動の先頭に立ち続けました。

来年、二〇二三年は、沖縄人民党が日本共産党に合流して五〇年の節目の年になります。私は、この機会に、沖縄人民党のリーダーとして祖国復帰運動の先頭に立ち、のちに日本共産党の副委員長をつとめ、沖縄でいまなお党派の違いを超えて深い尊敬を集めている瀬長亀次郎さんの著作――『民族の悲劇』『民族の怒り』『沖縄の心――瀬長亀次郎回想録』などの全体をあらためて読み返しました。

瀬長さんと言えば、まさに「不屈」を体現した政治家ですが、その著作の全体を読み返し、一九五〇年代の弾圧に抗しての苦闘の時代、六〇年代から七〇年代初頭にかけて〝民族の怒り〟が爆発し、本土復帰への巨大なうねりがつくられる時代の全体にわたっての、沖縄人民党と瀬長さんの不屈のたたかいに深く胸を打たれました。

私は、沖縄人民党と瀬長さんの一貫した姿勢として、とくに二つの点を強く感じました。

第一は、沖縄県民が島ぐるみで団結するならば、この現状は必ず変えられるという強い信念であります。一九五〇年、沖縄で初めての知事選挙――群島知事選挙が行われたさいに、四万人を超える県民がつめかけた立会演説会で、瀬長さんは、「祖国復帰をかちとろう」と訴えた演説を次のように締めくくりました。有名な一節であります。

「このセナガひとりが叫んだならば、五〇メートル先まで聞こえます。ここに集まった人びとが声をそろえて叫んだならば全那覇市民まで聞こえます。沖縄の九〇万人民が声をそろえて叫んだならば、太平洋の荒波をこえて、ワシントン政府を動かすことができます」

島ぐるみの団結がいかに大事かを、気宇壮大に訴えた名演説として、今日もみずみずしい生命力をもつ訴えではないでしょうか。

第二は、瀬長さんが、「沖縄人民党のたたかいの歴史のなかで大きな誇りはその先駆性である」とのべ、沖縄人民党の不屈のたたかいの根本には、日本と沖縄の前途を科学の力で見通す先駆性があったことを強調していることであります。

まず、一九五〇年の群島知事選挙のころには、「祖国復帰」を口にするのはタブーとされていたといいます。そうしたもとで、沖縄人民党と瀬長さんは「祖国復帰」を堂々と訴えていきます。「カメさんの背中に乗って祖国の岸へ渡ろう」というキャッチフレーズがつくりだされ、やがて「祖国復帰」は全県民の要求となっていきました。

次に問題になったのは、一九五二年四月二八日に発効したサンフランシスコ平和条約（サ条約）第三条の問題でした。サ条約第三条は、〝沖縄を永久に日本から分離する〟という最悪の売国的条項でした。沖縄人民党は、ただちにサ条約第三条撤廃の要求を打ち出しましたが、当初、それは多数の声にならず、革新政党の間でも一致がえられなかったといいます。しかし、一九六〇年、安保改定阻止の国民的大闘争が発展するなかで、この年の四月に結成された沖縄県祖国復帰協議会――復帰協とよばれた画期的な統一戦線組織の活動方針に、「サ条約第三条撤廃」が初めて力強く掲げられました。この要求が統一戦線の固い合意となったのであります。

もう一つ、問題がありました。日米安保条約の問題です。沖縄人民党は、一九五二年に結ばれた旧安保条約の段階から、安保反対の立場を明確に打ち出していました。六〇年に安保条約改定の動きが起こり、空前の国民的反対闘争が起こるもとで、沖縄人民党は、サ条約第三条とサ条約第六条にもとづいて結ばれた日米安保条約を、対米従属体制の「二本の柱」と位置づけ、その撤廃が県民的合意となるよう粘り強くたたかいました。

沖縄人民党と瀬長さんは、この問題をこう訴えていったといいます。

〝本土人民は、安保条約で半占領下におかれている。われわれも日本人だ。同じ日本人として連帯して真の民族独立のためにたたかう必要がある〟

〝祖国に復帰しても、安保条約が続く限り、沖縄の占領状態は永久化される。沖縄の未来のためにも安保条約破棄が必要だ〟

こうした訴えを粘り強く行っていきました。

日米安保条約廃棄については、復帰協の当初の議論では、「安保条約は沖縄には関係ない」とか、「安保条約を知らないのに反対するわけにもいかん」とか、いろいろな意見が続出して合意にならず、復帰協の最初の合意は、「安保の本質を知らしめる運動」に取り組もう――〝まずは安保の学習をしよう〟ということから始まったといいます。しかし、やがて日米安保廃棄は復帰協の明確な闘争目標にすえられていきました。

一九六八年一一月に実施された琉球政府主席・立法院・那覇市長の「三大選挙」での革新民

主勢力の歴史的勝利が決定的な力となって、一九七二年、ついに沖縄の施政権返還が実現しました。沖縄県民の島ぐるみのたたかいは、条約上不可能と言われた壁をのりこえて、祖国復帰をかちとったのであります。復帰にあたって琉球政府が日本政府にあてた「建議書」には、「基地のない平和な島としての復帰を強く望んでいる」などとともに、「基地を必要とする安保には必然的に反対せざるをえない」と明記されました。

この全経過は、沖縄人民党が三つの要求――「祖国復帰」「サ条約第三条撤廃」「安保条約廃棄」を先駆的に掲げ、それを統一戦線のスローガンにしていったことが、どんなに大きな意義をもつものかを明らかにするものとなりました。三つの要求のうち「祖国復帰」は現実のものとなり、「サ条約第三条」については条文上は残りましたが「立ち枯れ」に追い込んだのでありります。瀬長さんは、沖縄人民党が発揮した先駆性が、沖縄県民の不屈の闘争の「大きなささえ」になったと強調していますが、ここには今日に生きる大きな教訓があるのではないでしょうか。

六一年綱領――本土は沖縄のたたかいに学び、沖縄は大きな激励を受け取った

もう一つ、私が、強い感銘を受けたのは、沖縄人民党がこうした先駆的役割を発揮するうえで、日本共産党の六一年綱領との深い理論的な響きあいがあったということです。瀬長さんは、次のような回想を語っています。

「一九五七年、日本共産党の綱領草案が沖縄にも入ってきた。われわれはむさぼるようにそ

れを読み、……日本の支配体制に対する指摘は、衝撃的だった」「日本共産党第八回大会での宮本書記長（当時）の『綱領報告』は、本土におけるアメリカ帝国主義の支配を正しく位置づけることのできない日和見主義者たちへの痛烈な批判を行っているが、その中で沖縄県民のたたかいの経験が大きな比重を占めている。当時、この報告をよみ、沖縄人民党をはじめとする沖縄県民のたたかいへの評価を感動的に受けとめるとともに、われわれのたたかいが綱領路線確定に寄与できたことに大きなよろこびを感じた」

本土は沖縄のたたかいに学んで六一年綱領を確立し、沖縄は六一年綱領から大きな激励を受け取ったのであります。

一九七三年の日本共産党と沖縄人民党の合流――沖縄人民党の科学的社会主義の党への前進は、対米従属体制に反対する連帯を通じての歴史的必然でした。

瀬長さんの著作には、一九七〇年に沖縄で初めての国政参加選挙が行われたさいに、応援にかけつけた日本共産党国会議員団との初めての出会いのエピソードがユーモアたっぷりに描かれています。この時には、日本共産党演説会でなく「共産党を見る会」というのが沖縄の各地域につくられたといいます。反動勢力が共産党のことを暴力団や赤鬼、青鬼みたいだと攻撃するもとで、「一体どんな顔をしているのだろう」と見に来た。沖縄に応援にいった日本共産党の国会議員が「私の顔が赤鬼、青鬼、暴力団に見えますか」ときりだすと、「そんなことはないぞ」と県民が答えたというエピソードが語られています。日本共産党を見に来た人たちも、その姿を知るなかで、信頼できる友人と感じるようになっていったといいます。

両党の歴史的合流から半世紀をともに祝いたいと思います。

今日の「オール沖縄」は、日米安保条約への是非を超えた新しい画期的共闘として発展してきており、日本共産党は、保守・革新の垣根を越えて共闘を発展させる立場を揺るがず貫きます。同時に、日米安保条約廃棄を一貫して不屈に掲げる日本共産党の奮闘は、沖縄県民の闘争の支えとなり、「オール沖縄」の発展のうえでの大きな貢献となっていることを、強調したいと思います。

全国のみなさん。「基地のない平和で豊かな沖縄」が実現するまでともに力をつくす決意を、この機会に固めあおうではありませんか。

「現実的な安保政策に転換せよ」との党綱領攻撃に答える

六一年綱領で確立したわが党の綱領路線は、今日、いよいよ大きな力を発揮しています。ロシアのウクライナ侵略を利用した「日米同盟の抑止力の強化」、大軍拡、改憲の大逆流が強まるもとで、日本共産党は、これに真正面から対決する論陣をはってきました。大逆流に対して全党が不屈にたたかい、押し返してきた土台には、六一年前に打ち立てた綱領路線の生命力が脈打っていることを強調したいと思います。

わが党綱領への攻撃の一つの焦点は、「現実的な安全保障政策に転換せよ」と、日米安保条約容認の党への変質を迫るものとなっています。しかし私は問いたい。どちらが現実的で、どちらが非現実的か。

日本共産党が提唱している憲法九条を生かした外交で東アジアに平和をつくる「外交ビジョン」が示すように、徹底した対話による平和創出こそ、最も現実的な道ではないでしょうか。「日米同盟」を絶対化して、「軍事対軍事」の悪循環に陥ることこそ、少しでも現実的に考えるならば最も危険な道ではないでしょうか。そしてそれは、相手国による甚大な報復攻撃を日本に呼びこむ「敵基地攻撃」論に示されるように、およそ非現実的な道ではないでしょうか。

日本共産党は、安保法制廃止、憲法九条改悪阻止など緊急の課題の実現のために、日米安保条約への是非を超えた共闘を発展させます。同時に、日米安保条約廃棄が国民多数の声となるよう、独自の取り組みを一貫して推進していきます。これがわが党綱領への攻撃に対する、私たちの断固たる回答であります。

二　科学的社会主義を土台にした自己改革の努力

日本共産党の党史を貫く第二の特質は、科学的社会主義を土台にして、政治路線と理論の面でも、党活動と組織のあり方の面でも、つねに自己改革の努力を続けてきたことであります。

日本共産党に対して「無謬《むびゅう》主義の党」――〝誤りを決して認めない党〟という攻撃が、行われてきましたし、今なお繰り返されています。しかし、これほど事実に反する、的外れの攻撃はありません。
わが党の歴史のなかには、多くの誤り、時には重大な誤りがあります。さまざまな歴史的制約もあります。それらに事実と道理に立って誠実に正面から向き合い、つねに自己改革を続けてきたことにこそ、わが党の最大の生命力があることをお話ししたいと思います。

「五〇年問題」と、自主独立の路線の確立

自主独立の路線はどのようにして形成されていったか

一〇〇年の歴史を通じて、わが党の最大の危機は、戦後、一九五〇年に、旧ソ連のスターリンと中国によって武装闘争をおしつける乱暴な干渉が行われ、党が分裂に陥るという事態が起こったことにありました。私たちはこれを「五〇年問題」と呼んでいますが、この時、無法な干渉に反対し、党の分裂を克服して統一を実現するたたかいの先頭にたった宮本顕治さんは、後年、一九八八年に、次のようにのべています。

「五〇年問題は、日本共産党史上、最大の悲劇的な大事件だった。かつて、これほどの大きな誤りはなかったし、これからもないだろう。絶対にないことを願わずにはおれない」

私は、この一文を読んだ時に、絶対主義的天皇制による苛烈《かれつ》な弾圧を体験した宮本さんが、それを上回る「最大の悲劇的な大事件」とのべたことに、あらためてこの問題がいかに深刻だったかを痛感したことが深く記憶に残っています。

一九五〇年、干渉に呼応して分派をつくった徳田球一や野坂参三らは、占領軍による弾圧を利用し、党中央委員会を一方的に解体しました。分派によって武装闘争の方針の日本への流し込みが行われました。同時に、この危機をのりこえる過程で、わが党は大きな自己改革をとげていきました。そこには認識の巨大な発展が記録されています。

敗戦直後の時期に、わが党には、〝ソ連や中国のやることには間違いはない〟という認識があったことは、当事者からも率直に明らかにされていることです。わが党は、そうした認識を、わが党への乱暴な干渉と党の分裂という最大の誤りを解決していくなかで、大胆にのりこえ、自主独立の路線――日本の党と運動の問題は、日本共産党自身がその責任で決定し、いかなる外国勢力の干渉も許さないという路線を確立していきました。

自主独立の路線はどのように形成されていったか。コミンフォルム――スターリンが、第二次世界大戦後、覇権主義を世界におしつける道具としてつくった国際機関――による日本共産党への公然とした干渉は、一九五〇年一月、五一年八月の二度にわたって行われました。宮本顕治さんは、二度目の干渉までの間に、「私自身のコミンフォルム観は大きく変わらざるを得なかった」として次のような認識に到達したとのべています。

「自分たちが身をもって日々切り開こうとしている日本共産党のまさに内部問題についての、実情を知らない干渉の不当さというのが私の判断の到着点だった」

宮本さんのこの認識は、「五〇年問題」を総括する過程で、やがて党全体の共通の認識となっていきました。「五〇年問題」は、ソ連などによる干渉がひき起こしたものであり、干渉に対する批判なくしてその科学的総括は絶対にできません。徹底した総括の議論をすすめるなかで、党は一九五七年一〇月に開催した中央委員会総会（第一五回拡大中央委員会総会）で、総括文書「五〇年問題について」を全員一致で採択しました。総括文書は、コミンフォルムの二度目の干渉について、党の「正しい統一の道をとざした」との批判を明記しました。

この中央委員会の直後の時期に、ソ連と中国を訪問していたわが党代表団に対し、ソ連のフルシチョフなどは、「いまさら古い汚れものを出すことはない」などと総括に反対する主張を行いました。日本共産党がこの問題を総括すると、自分たちの悪行が明るみに出ることを恐れたのでしょう。しかし、わが党は、それをはねのけて堂々と総括をすすめ、党の組織的統一を全面的に回復した一九五八年の第七回党大会で、自主独立という確固とした路線を引き出したのであります。

「五〇年問題」における国際的な干渉の全貌は、ソ連が解体した後の一九九二年～九三年に表に出てきた旧ソ連の秘密資料から明らかになっていきました。干渉の全体像は、五〇年代当時の党の認識をはるかにこえる大がかりなものでした。この時点では知りえないことが多くありました。しかし、わが党は限られた事実と認識から、自主独立という確固とした路線を引き出しました。その後、明らかになった事実に照らしても、五七年の総括文書「五〇年問題について」を読み返してみますと、党の分裂の経過と責任についての基本点は驚くほど正確にとらえられています。私は、先人たちがなしとげた偉業に、強い敬意の気持ちをのべたいと思うのであります。

二つの覇権主義による乱暴な干渉――全党の努力と奮闘で打ち破った

自主独立の路線が明確にされたといっても、それがどれだけ自覚的につかまれていたかという点では、当時の個々の党幹部に違いがありました。党の認識としても、ソ連や中国などの実態をはじめからすべて分かっていたわけではありませんでした。

自主独立の路線は、一九六〇年代以降の、二つの覇権主義による乱暴な干渉――旧ソ連、中国・毛沢東派による干渉に正面から反対する闘争で鍛えられ、認識が発展させられ、全党の血肉となっていきました。二つの干渉とのたたかいは、「社会主義」を名乗る大国が、国家権力の総力をあげ、内通者を仕立て上げ、日本共産党の指導部を転覆させようという悪辣《あくらつ》な攻撃との、党の生死をかけたたたかいとなりました。

ここで重要なのは、党中央が干渉者との論争をしていただけではないということです。たたかうべき相手は、海のかなただけでなく、国内にも存在していました。干渉者に内通した分派がつくられ、「ニセ共産党」の組織がつくられ、党を破壊する先兵となりました。少なくない他の政党とメディアも干渉者に追随・加担しました。多くのメディアは、わが党がソ連と論争を始めると「中国派になった」とレッテルをはり、中国とも論争を始めると「自主独立というが自主孤立ではないか」と冷笑と揶揄《やゆ》で報じました。そうした状況のもとで、全党は懸命に論争の中心点をつかみ、全党の力で干渉を打ち破っていきました。

当時の「赤旗」には長文の国際問題の論文が次々に出されました。

一九六四年九月二日付の「アカハタ」には、ソ連共産党への長文の「返書」が掲載されています。ソ連の干渉に全面的な反論をくわえたものですが、一面の頭から八面まで八ページにわたってびっしりと「返書」が掲載され、九面から一〇面と一一面の一部は、資料としてソ連側の書簡が掲載され、一般記事は一一面の一ページ弱に圧縮され、一二面は、テレビ・ラジオ欄等となっています。しかも「返書」のため、見出しは一切なく、細かい活字がびっしりと続いています。

一九六七年四月二九日付の「赤旗」には、中国の干渉者たちの党攻撃の中心点である武力革命論を全面的に論破した「極左日和見主義者の中傷と挑発――党綱領にたいする対外盲従分子のデマを粉砕する」と題する長文の論文――私たちは「四・二九論文」と呼んだものです――が掲載されています。この「赤旗」は一面は一般記事ですが、二面から七面まで五ページ半にわたる大論文が掲載されています。

こうした長文の「返書」や論文を当時の同志たちはどう読んだのか。当時、滋賀県委員会で党専従として活動していた浜野忠夫副委員長に聞くと、次のような話でした。

「当時、地方にいた党員は、ソ連、中国に対して、革命を成し遂げた党としての強い信頼があっただけに、論争が始まった時には、『これからどうなるのか』という大きな不安があった。それだけに党中央の出した『返書』や論文は、何をさておいても全部読みきるまでは気がすまない、自分自身の党員としての生き死にに関わる問題として、必死に、むさぼるように、一気に読んだ。党機関で何度も討議し、確信を深め、中央委員会を信頼してたたかいぬこうとの決意を固めていった。党機関のメンバーの中には、『返書』や論文が、『長すぎる』などという意見を言ったものは一人もいなかった」

当時の全党の先輩たちのこうした努力と奮闘によって、日本共産党は、干渉者を打ち破ったのであります。

ソ連との関係でも、中国との関係でも、論争には歴史的決着がつきました。この二つの大国の党に、二つながら干渉に対する「反省」を言わせた世界で唯一の党が日本共産党でありす。さらに一九九一年にソ連共産党が崩壊したさいに、大国主義・覇権主義の歴史的巨悪の党の終焉《しゅうえん》として、「もろ手をあげて歓迎する」と言い切った世界で唯一の党が日本共産党であります。

これはたんにわが党にとって誇るべき歴史であるだけではありません。わが党への干渉は、日本国民の運動の自主性に対する侵害であり、それは日本に対する主権侵害・内政干渉という重大な意味をもつものでした。干渉と正面からたたかいぬき、打ち破ったことは、国民的意義をもつものだったと言ってよいのではないでしょうか。

自主独立の路線を土台にした綱領路線の理論的・政治的発展

日本共産党は、自主独立の路線のうえに、この六〇年余、綱領路線の大きな理論的・政治的発展をかちとってきました。その中には、国際的に「定説」とされていたものを打ち破った画期的な発展がいくつもあります。

私が、強調したいのは、そうした発展がどれも生きたたたかいのなかでかちとられたものだということです。ここでは、今日につながる大きな理論的・政治的発展として、四つの点についてお話ししたいと思います。とくに、それぞれの理論的・政治的発展がどういうプロセスを経て達成されたのかについて、お話ししたいと思います。

アメリカ帝国主義論の発展――ソ連覇権主義との生死をかけたたたかいのなかで

第一は、アメリカ帝国主義論の発展です。

一九六三年～六四年に始まるソ連による干渉の出発点となったのは、ソ連のフルシチョフが〝米ソ協調〟を唱え、六三年八月の米ソ英三国による部分的核実験停止条約――その実態は地下核実験合法化条約――を、日本の運動におしつけたことでした。

ソ連は、〝米ソ協調〟路線を合理化しようとして、ソ連が「世界で最大の威力をもつ核兵器」をもつようになった結果、「帝国主義者は、〝力の立場〟に立つ政策を実施する物質的地盤を失ってしまった」――アメリカがソ連の核兵器の力によって平和政策を受け入れざるを得なくなったという、途方もない帝国主義美化論を行いました。

こうした議論に対して、日本共産党は、一九六三年一〇月に開催した中央委員会総会（八大会・七中総）で、現在の〝米ソ協調〟といわれる状況は、アメリカの政策が平和的なものに変わったことを意味するものではない、アメリカ帝国主義は、ソ連など大国との対決を避けつつ、大きくない社会主義国や民族解放運動を狙い撃ちにしようという政策をとっていると分析し、この政策を「各個撃破政策」と名づけました。

当時の世界で、こういう分析はどこにもありませんでしたが、日本共産党は、アメリカの実際の行動や外交・軍事の諸文書を研究してこの結論を導いたのであります。この分析の正確さは、翌年、一九六四年のアメリカによるベトナム侵略戦争の本格開始によって証明され、侵略戦争に反対するたたかいで力を発揮しました。

わが党は、〝アメリカの実際の政策や行動をもとにアメリカをとらえる〟という姿勢を、その後も一貫して発展させてきました。

二〇〇四年の第二三回党大会で行った綱領改定では、現在のアメリカの政策と行動を分析して、アメリカがまぎれもなく帝国主義であることを明らかにするとともに、「アメリカの将来を固定的に見ない」――将来、アメリカの侵略的な政策と行動が変化することがありうるという解明を行いました。

さらにその後、わが党は、アメリカが「将来」、変化する可能性だけでなく、「現在の局面」でも、「アメリカのすることはすべて悪」と〝黒一色〟でとらえるのでなく、多面的に複眼で見ていくというアメリカ論を発展させていきました。

二〇〇九年にオバマ米大統領が、プラハでの演説で「核兵器のない世界」を米国の国家目標にすると言明しました。私は、この演説を聞いて、新しい重要な踏み込みがあると感じ、オバマ大統領に、この言明を「心から歓迎」し、「核兵器廃絶のための国際条約の締結をめざして国際交渉を開始」することを要請する書簡を送り、米国政府から返書が届くというやりとりもありました。オバマ大統領の言明は、その後うちすてられましたが、こうした対応を行ったことは意義があったと考えるものです。今後もそうした変化が起こったときには、私たちは弾力的に対応していきます。

こうした弾力的なアメリカ論は、二〇二〇年の第二八回党大会で行った綱領一部改定で綱領に明記され、今日に生きる力を発揮しています。

このように、〝アメリカの実際の政策や行動をもとにアメリカをとらえる〟というアメリカ帝国主義論は、ソ連覇権主義との全党の生死をかけたたたかいのなかで形成され、情勢にそくして発展させられてきたものであることを、強調したいと思うのであります。

〝議会の多数を得ての革命〟の路線は、どのように形成、発展してきたか

第二は、〝議会の多数を得ての革命〟——選挙で国民の多数の支持を得て平和的に社会変革をすすめる路線であります。

「五〇年問題」で引き起こされた最も深刻な誤りは、党を分裂させた分派が、干渉者の言うままに武装闘争方針をおしつけたことにありました。わが党は、六一年綱領を確立する過程で、この問題を掘り下げて検討し、武装闘争方針をきっぱり否定するとともに、六一年綱領で、議会の多数を得て平和的に社会変革をすすめることを、日本革命の大方向として打ち出しました。

そこにいたるプロセスを、あらためてつぶさに調べてみました。

その重要な契機となったのは、一九五六年六月に開催された中央委員会総会（「六全協」・七中総）であります。この中央委員会総会で採択された決議「独立、民主主義のための解放闘争途上の若干の問題について」は、日本を含む「一連の国々では、……議会を通じて、平和的に革命を行うことが可能となった」と明記するとともに、分派がつくった武装闘争方針の土台となった文書――「五一年文書」を日本の現状に「適合しない」ときっぱり否定しました。

この決議の採択を契機として、綱領討議が正式に始まりました。一九五八年の第七回党大会を経て、六一年の第八回党大会で綱領路線が確定し、六一年綱領では〝議会の多数を得ての革命〟の路線が明確に表明されました。すなわち、武装闘争方針の否定こそが六一年綱領を確立する出発点だったのであります。

この路線は、一九六六年に始まる中国・毛沢東派による武力革命論をおしつける干渉との闘争のなかで大きく発展させられました。中国・毛沢東派は、レーニンが一九一七年に書いた『国家と革命』という著作を振りかざして、わが党綱領の〝議会で多数を得ての革命〟という路線に対して、「日本共産党は選挙活動にばかり熱中している」などという非難をあびせ、武力革命論をおしつける干渉を行ってきました。わが党は、「四・二九論文」などで、マルクスの革命論を武力革命一本やりとするのは歴史のねじ曲げであることを論証し、〝議会で多数を得ての革命〟という路線が、マルクス、エンゲルスの革命論の大道のなかに位置づけられていることを明らかにした徹底的反論をくわえました。

この理論的な探究は、一九九七年から二〇〇一年にかけて当時委員長・議長をつとめた不破哲三さんが執筆した『レーニンと「資本論」』のなかで、さらに大きく発展させられました。不破さんは、レーニンの『国家と革命』に再び立ち戻って全面的な批判的検討をくわえ、この著作が、マルクス、エンゲルスが生涯を通じてその可能性を追求し、豊かな肉づけをあたえてきた〝議会の多数を得ての革命〟という展望をまったく欠く、国家論・革命論にかかわる重大な理論的な誤りを犯していることを綿密に論証しました。不破さんの著作の全体は個人のものですが、レーニンの『国家と革命』にかかわる部分については、特別の重要性を考慮して、常任幹部会で集団的にその内容を確認したということも紹介しておきたいと思います。

このように、日本共産党の綱領路線は、「暴力革命論」との徹底したたたかい、否定のなかで形成されてきたものであって、公安調査庁がいくら妄想しようとも、「暴力革命論」が存在する余地などはどこにもないということを、強調しておきたいと思います。

世界論の発展――ソ連、中国の覇権主義との闘争、批判をつうじて

第三は、党綱領の世界論を大きく発展させていったことであります。

六一年綱領の世界論は、当時、国際的な「定説」とされていた「二つの陣営」論という世界の見方でした。すなわち、一方の陣営は、アメリカを中心とした「帝国主義の陣営」であり、戦争と侵略の政策を展開している。他方の陣営は、「反帝国主義の陣営」であり、平和、独立、社会進歩のためにたたかっている。こういう世界の見方でした。これは一見分かりがいい

のですが、大きな問題をはらんだ世界論でした。

わが党は、二〇〇四年の綱領改定、二〇二〇年の綱領一部改定で、こういう図式的な見方を清算し、〝二〇世紀に起こった世界の構造変化――植民地体制の崩壊と一〇〇を超える主権国家の誕生が、二一世紀の今日、平和と社会進歩を促進する生きた力を発揮しはじめている〟――二〇世紀の世界史的発展を踏まえて、二一世紀を展望するという新しい世界論をうちたてました。

ここで強調したいのは、こうした新しい世界論は、ただ机の上で考えたというものでなく、覇権主義に対する闘争と批判をふまえて、到達した世界論であるということです。かつての「二つの陣営」論の最大の問題点は、「反帝国主義の陣営」のなかにソ連覇権主義という巨悪が含まれていたことにありました。わが党は、ソ連の覇権主義との生死をかけた闘争の経験をふまえて、さらに、近年、顕著となった中国の覇権主義・人権侵害への批判をつうじて、一切の図式的見方から解放されて、世界をあるがままの姿で、リアルにダイナミックにとらえる新しい世界論を確立したのであります。

野党外交と世界論――発達した資本主義国の左翼・進歩政党との交流の発展を

いま一つ、私が、強調したいのは、わが党の新しい世界論は、一九九九年に本格的に開始した野党外交の生きた実践をつうじて豊かにされてきたということです。

わが党は、この間、核兵器禁止条約の国連会議、ＮＰＴ（核不拡散条約）再検討会議などに参加し、唯一の戦争被爆国の政党として「核兵器のない世界」の実現のために力をつくしてきました。また、東南アジアの国ぐにを繰り返し訪問し、そこで起こっている平和の激動に直接触れ、その教訓を学ぶなかで、東アジアに平和をつくる「外交ビジョン」を提唱してきました。

私たちは、これらの活動に取り組むなかで、今日の世界は一握りの大国が思いのままに動かしている世界ではない、世界のすべての国ぐにと市民社会こそが国際政治を動かす主役となる時代が到来していることを、強い実感をもってつかんでいきました。わが党綱領の世界論は、こうした野党外交の生きた経験の裏付けをもつものであり、野党外交によって豊かにされてきているのであります。

ここで野党外交の一つの新しい発展方向をのべたいと思います。発達した資本主義国の左翼・進歩政党との交流と協力の新たな発展をはかりたいということです。ヨーロッパの左翼・進歩政党の現状を見ますと、「軍事同盟のない世界」「核兵器のない世界」などで、私たちと協力することが可能で、かつ、それぞれの国で政治的影響力を持ち国政選挙などでも健闘している政党が、一連の国ぐにに存在しています。

核兵器禁止条約（2017年）の国連会議に参加しスピーチする志位委員長

日本共産党は、それらの政党と、あれこれの理論的立場の違いを超えて、直面する国際的連帯の課題を実現するための交流と協力を強化していきたいと思います。発達した資本主義という共通した条件のもとで活動している政党が、互いにその経験を学び、交流し、一致点で協力することは、大きな意義をもつものであると考えるものです。こうした方向にも野党外交を発展させていきたいと考えていますが、いかがでしょうか。

社会主義・共産主義論――画期的な理論的発展をどうやってかちとったか

第四は、未来社会論――社会主義・共産主義社会論を、大きく発展させたことであります。六一年綱領の社会主義・共産主義論は、これも当時、国際的な「定説」とされていた生産物の分配方式を中心としたものでした。社会主義段階は、「能力におうじてはたらき、労働におうじてうけとる」の原則が実現される社会であり、共産主義段階は、「能力におうじてはたらき、必要におうじてうけとる」状態に到達した社会として、説明されていました。これはレーニンの『国家と革命』に由来する「定説」でしたが、「必要におうじての分配」ということは一体どういうことか。私なども、学生時代から疑問で、おいしいものがお腹いっぱい食べられる社会ということかなどと議論したものでした。生産物が人間の欲望を超えてありあまるほど分配されることが、理想社会の一番の目標ということになるとどうなるでしょうか。社会主義・共産主義のもつ人間の自由と解放という壮大な人類史的意義をとらえられない、あまりに寂しい見方になってしまうのではないでしょうか。

わが党は、二〇〇四年の綱領改定のさいに、こうした旧来の規定を抜本的に見直し、「生産手段の社会化」を社会主義的変革の要にしっかりすえるとともに、〝すべての人間が十分な自由の時間をもち、その時間を使って、自分の能力を自由に全面的に発展させることのできる社会〟というマルクスの未来社会論の真の輝きを発掘し、綱領にすえたのであります。

それでは、わが党は、この画期的な理論的発展をどうやってかちとっていったのか。二〇〇三年六月の中央委員会総会（二二大会・七中総）で行われた綱領改定案についての中央委員会報告で、当時の不破哲三議長は、理論的発展の経過を二つの角度から明らかにしています。

第一は、ソ連崩壊という事態を受けて、わが党が、ソ連社会の実態についての研究を行い、「ソ連社会は、対外関係においても、国内体制においても、社会主義とは無縁な人間抑圧型の社会であった」という結論的な認識に到達したということです。

第二は、わが党が、それと並行して、科学的社会主義の未来社会論そのものを、より根源的にとらえなおす努力をつくしたということです。ソ連社会が社会主義と無縁な社会ならば、本来の社会主義とは何かが問われてきます。この問題を根源から探究する努力のなかで、わが党は、かつての「定説」の大本になったレーニンの『国家と革命』の批判的再検討をこの面でもすすめ、『資本論』とその草稿の研究のなかからマルクス本来の未来社会論を発掘し、その基本点を二〇〇四年に改定した綱領に盛り込みました。こうしてソ連の体制への徹底的批判が、未来社会論の豊かな発展につながっていったのであります。

さらにわが党は、二〇二〇年の綱領一部改定にさいして、ロシア革命以降の一世紀の歴史を概括して、綱領に「発達した資本主義国での社会変革は、社会主義・共産主義への大道である」という命題を書き込みました。高度な生産力、経済を社会的に規制・管理するしくみ、国民の生活と権利を守るルール、自由と民主主義の諸制度、人間の豊かな個性などを引き継ぎ、発展させる、未来社会の壮大な展望を明らかにしました。

格差と貧困の拡大、気候危機の深刻化など、資本主義体制の矛盾が地球的規模で噴き出し、この制度をのりこえる社会への模索と探究が、さまざまな形で広がっている二一世紀の世界において、わが党綱領の未来社会論は、科学的社会主義の未来社会論の本来の輝き、本来の魅力を現代に生かすものとして、国際的にも画期的な意義をもつものだと確信するものであります。

科学的社会主義の「ルネサンス」――覇権主義とたたかい続けた全党の奮闘の成果

これらの理論的・政治的発展のなかで大きな役割を果たしてきた不破哲三さんは、党創立九〇周年の記念講演で、わが党の半世紀にわたる理論的発展について、「スターリン時代の中世的な影を一掃して、この理論の本来の姿を復活させ、それを現代に生かす、いわば科学的社会主義の『ルネサンス』をめざす活動とも呼べるものだ、と私は思っています」とのべました。私も、まさに「ルネサンス」と呼ぶにふさわしい仕事であり、現綱領はそれを体現したものだということを、確信をもって言いたいと思います。

そしてこの理論的・政治的達成は、自主独立の立場であらゆる覇権主義とたたかい続けた全党の奮闘によってかちとった成果であるということを、私はかさねて強調したいと思うのであります。

党の活動と組織のあり方――民主集中制の発展

わが党自身の歴史的経験のなかでつくられ、発展してきたもの

自己改革というわが党の特質の最後に、日本共産党が党の活動と組織のあり方においても、自己改革を重ねてきたということをのべたいと思います。

この問題でも大きな自己改革を行ったのが「五〇年問題」の総括でした。なぜソ連・中国などからの干渉によって、党が分裂するという事態に陥ったのか。その大きな根の一つに、当時の党内に強くあった反民主的な気風がありました。とくに党の中央委員会で、当時の徳田球一書記長の専決による指導が人事も含めて支配的となり、徳田の気に入らないものは排除されるという状態が生まれ、民主的、集団的な検討が保障されなかったことが、分裂という最悪の事態に陥る根の一つとなりました。

その総括にたって、わが党は、いかなる事態のもとでも党の統一と団結――とりわけ中央委員会の統一と団結を守ること、個人中心主義のやり方を排して、集団的な指導を重視すること、党内の民主主義的な気風を大切にするとともに、規律をやぶる分派主義は絶対に許さないこと――これらの民主集中制の原則を守り、発展させることが何よりも大切だという教訓を引き出しました。

民主集中制という組織原則を確立したからこそ、わが党は、足かけ五年におよぶ党内での徹底的な民主的討論をへて、六一年綱領を確立することができました。さらに、その後の、旧ソ連と中国・毛沢東派による内通者を分派に仕立てての干渉攻撃を打ち破ることもできました。

わが党の民主集中制という原則は、外国のどこかから持ち込まれたものではなく、わが党自身の歴史的経験のなかでつくられ、発展してきたものであるということを、私はまず強調したいと思うのであります。

二〇〇〇年の規約改定――組織と運営の民主主義的な性格をいっそう発展させた

さらに、日本共産党は、二〇〇〇年の第二二回党大会での規約改定で、日本共産党と日本社会の関係の新しい発展にそくして、党の組織と運営の民主主義的な性格をいっそう発展させました。

この規約改定では、それまでの「前衛政党」という規定について、「前衛」という言葉に込めた「不屈の先進的な役割をはたす」という党の特質はしっかりと引き継ぎながら、「前衛」という言葉そのものは誤解されやすい要素があるので規約から削除しました。

それまでは党組織の相互の関係で、「上級・下級」という言葉が使われてきましたが、中央委員会から支部にいたるまで、わが党に「上下関係」はありません。共通の事業を実現するうえでの仕事の分担にすぎません。そのことを踏まえ、「上級・下級」という表現はできるだけ取り除きました。

それまでは民主集中制を、「民主主義的中央集権制」とも表現していましたが、「中央集権制」という表現も、この時に削除しました。第二二回党大会への規約改定報告では、「『民主』というのは党内民主主義をあらわします。『集中』というのは統一した党の力を集めることをさします。これはどちらも近代的な統一政党として必要なことであります」とその意味を明確にしました。

この規約改定も、党の組織と活動のあり方の大きな自己改革であり、わが党は改定規約の条項と精神にそくして、活動を発展させてきました。

民主集中制に対する攻撃に答える――党大会の開き方を見てほしい

わが党が民主集中制を組織原則にしていることをもって、「上意下達の党」「閉鎖的な党」などと非難し、この原則を放棄せよと迫る攻撃が、半世紀前から繰り返されています。私は、そうした議論に対して、党の民主主義のうえでも、統一のうえでも、カナメをなす党大会を、私たちがどうやって開いているかを見てほしいと言いたいと思います。

二〇二〇年に行われた第二八回党大会の場合、党大会の議案は、大会の二カ月半前に発表され、二カ月半にわたって、すべての支部、地区委員会、都道府県委員会が、会議を開いて議論をつくし、全体で一八〇〇件の意見・提案等が寄せられました。党の会議では多数にならず、大きな流れのなかでは現れてこない少数意見も含めて、二二四通の個人意見が寄せられ、「しんぶん赤旗」の臨時号に掲載されました。それらの意見は一つひとつ吟味され、大会議案に修正・補強が加えられ、採択されました。

全党討論で寄せられた意見の一つに、党綱領の一部改定で「ジェンダー平等」を明記したことにかかわって、一九七〇年代、「赤旗」に掲載された論文などで、同性愛を性的退廃の一形態だと否定的にのべたことについて、きちんと間違いと認めてほしいというものがありました。この意見についても集団的に吟味したうえで、党大会の結語で、「これは当時の党の認識が反映したものだが、間違いであったことを、この大会の意思として明確に表明したい」と真剣な反省をのべました。

たとえ半世紀近い前のものであっても、事実にそくして間違いはきっぱりと正す。これが日本共産党の大原則なのであります。

民主集中制に対する攻撃は、わが党の民主的運営のこうした生きた実態や、自己改革能力を見ようとしない不当な独断に満ちたものといわなければなりません。

ところで、自民党の党大会はどう開かれているでしょうか。今年（二〇二二年）の党大会は三月一三日、一二〇〇人を集めて開かれていますが、午前一〇時開会、一二時には終わっています。大会の「次第」を見ますと、その二時間に、国歌、党歌の斉唱、来賓あいさつ、党務報告、運動方針報告、党則改正報告、優秀党員などの表彰、総裁演説、特別企画の空手演武の披露、参院候補者紹介、必勝コールが行われています。驚くことに、報告・提案に対する質疑も討論も、大会の「次第」にまったくありません。この党の「自由」と「民主」はいったいどこにあるのか。そのことが問われてくるのではないでしょうか。

みなさん。民主集中制の組織原則をもつ党は、党内の民主的討論にもっとも力をつくす党であることは、こうした対比においても明らかではないでしょうか。

自己改革という角度からわが党の歴史をお話ししてきましたが、私たちは今後もこの姿勢を貫きます。科学的社会主義と綱領を土台に、誠実に、真剣に、自己改革の努力を続けるならば、どんな困難ものりこえることはできると、私は確信するものであります。

三　国民との共同――統一戦線で政治を変えるという姿勢を貫く

日本共産党の党史を貫く第三の特質は、国民との共同――統一戦線の力で政治を変えるという姿勢を貫いてきたということであります。

六一年綱領が確定した後の六〇年余をどうとらえるか。正確な政治路線が確定したら、一路前進というわけにはいきません。この六〇年余は、「政治対決の弁証法」と呼ぶべき支配勢力との激しいたたかいの連続でした。

この期間をふりかえってみますと、日本共産党が躍進した三つの時期があります。それに対して支配勢力は、反共キャンペーンと反動的政界再編でこたえました。わが党は、その一つひとつに正面から立ち向かい、それをのりこえるなかで、前途を開いてきました。国民との共同

――統一戦線で政治を変えるという六一年綱領の立場を、どんな困難なもとでも、また新しい情勢にそくして、たえず発展させてきました。その生きた攻防の歴史としてこの六〇年余をとらえてみたいと思います。

一九六〇年代末〜七〇年代の躍進――反共キャンペーンと「社公合意」

日本共産党の野党第二党への躍進――危機感をつのらせた支配勢力による反動攻勢

第一は、一九六〇年代末〜七〇年代の躍進であります。わが党は、総選挙で、一九六九年一二月に一四議席に躍進し、七二年には五六四万票、三九議席への躍進をかちとり、野党第二党に躍り出ました。

この躍進の重要な特徴は、六〇年代に粘り強く続けられた党建設の飛躍的発展という強固な土台のうえに実現した躍進だったところにありました。ですから、この第一の躍進は、その後、相手からの攻撃もありジグザグもありますが、そう簡単に押しつぶすことができない。六〇年代末から七〇年代末まで続くのです。党建設の前進という強固な土台のうえにつくられた躍進というところに特徴がありました。

この躍進は、支配勢力にとってはまったく不意打ちの躍進でした。彼らは「五〇年問題」で日本共産党が壊滅的打撃をこうむって復活の余地なしと見ており、わが党に対する「備え」をもっていなかったのです。当時は、多くのメディアも、新しい党が登場したと、ほとんど無抵抗に歓迎ムードで、競って日本共産党を特集しました。『週刊サンケイ』誌が、最初から最後まで日本共産党を特集する臨時増刊を出したほどでした。

革新自治体が全国に広がり、最大時には、人口の四三パーセントが革新自治体のもとで暮らしました。〝国会のことは赤坂の料亭で決まる〟――「なれあい政治」と呼ばれた国会の様相も様変わりしました。国政における革新統一戦線の結成も課題にのぼりました。

こうした情勢の大激変に危機感をつのらせた支配勢力は、本格的な反動攻勢の構えを確立していきました。「共産党は暴力と独裁の党」という反共キャンペーンが開始されました。一九七六年には国会を舞台にした反共デマ攻撃が行われ、『文藝春秋』が反共特集を開始しました。わが党は正面からの大反撃を行いました。

支配勢力は一大反共キャンペーンを行いましたが、それだけではわが党を抑え込むことができません。続いて発動されたのが大がかりな反動的政界再編でした。一九八〇年一月に交わされた「社公合意」――社会党と公明党による安保条約容認・日本共産党排除の合意は、その画期となりました。「社公合意」の中身は、社公による連立政権をつくるときには、日本共産党を入れないという政権排除協定でしたが、実際には、国会運営を含めてあらゆる分野で共産党排除が行われました。「日本共産党を除く壁」が築かれ、日本共産党を除く「オール与党体制」がつくられました。

私が書記局長に選出されたのは一九九〇年ですが、その当時は、日本共産党は、国会の与野党幹事長・書記長会談からも、与野党国対委員長会談からも排除される。わが党を排除した密室協議で国会運営も決められていく。そういう無法な「日本共産党を除く壁」が国会にも築かれていたことを思い出します。

「無党派との共同」という新たな挑戦と、「自民か、非自民か」という新たな反動戦略

日本共産党は、この一大逆流に屈することなく、「無党派の方々との共同」という新しい統一戦線運動に取り組みました。

1981年、全国革新懇の結成総会。発言しているのは宮本顕治委員長（当時）

わが党は、「社公合意」の直後の一九八〇年二月に開催した第一五回党大会で、革新統一懇談会を全国、地方につくることを呼びかけました。八一年には全国革新懇が結成されました。これは、「政党の組み合わせではなく一致する課題で共同する」という統一戦線の原則を踏まえた、世界で他に例のない勇気ある選択でした。

第一五回党大会でこの方針を呼びかけたときに、招待していた外国来賓から、「社会民主主義の党を抜きにした統一戦線があるのか」などと質問攻めになり、説明しますと、「わかったが、よほど勇気がないとできない方針だ」との反応もあったと聞きます。

この時に革新懇運動を始めたことは、本当に先を見据えた

大きな歴史的意義があるものだったということを、この四〇年余、日本共産党と肩を並べて革新懇運動を担ってこられたすべての方々への感謝を込めて、私は、強調したいと思います。

「オール与党体制」が一〇年近く続きますと、新たな「なれあい政治」と金権腐敗政治が復活してきます。消費税が導入され〝列島騒然〟という事態も起こりました。そうしたもと、一九八九年に入ると各地で地方政治に異変が起きました。現職の知事・市長候補に対して、党単独推薦の無所属の候補者があいついで四〇パーセントを超える得票を獲得し、メディアも「地殻変動」の予兆かと書く状況が生まれました。ただ、一九八九年六月の中国・天安門事件、ソ連・東欧の体制崩壊を利用した反共キャンペーンによって「地殻変動」は現実のものになりませんでした。

しかし、支配勢力は、この一連の出来事から、「オール与党体制」に代わる新たな反動戦略が必要だと考えました。「オール与党体制」というのは強いようで、いったん崩れると批判の受け皿が日本共産党だけになってしまい、実態はもろいということが明らかになったからです。

新たな反動戦略とは、メディアもすべて抱き込んで小選挙区制を強行すること、それと一体に保守の「二大政党制」をつくるということでした。

一九九三年の総選挙では、新たにいくつもの保守新党が生まれ、社会党、民社党、公明党などとともに「非自民連合」がつくられ、「自民か、非自民か」の選択をおしつける新たな作戦が大々的に展開されました。

この総選挙は、私が書記局長・候補者として初めてたたかった選挙でしたが、私が、選挙戦のさなかにNHKのインタビューに出演しますと、司会者の第一問は、「自民か、非自民かということになると、共産党はカヤの外になるではないですか」でした。私は、「『カヤの外』というけれども、『カヤの中』こそ問題です。そこにあるのは古い腐った政治ではないですか。そんな汚いカヤには頼まれても入りません」と答えたことを思い出します。下りのエスカレーターを逆に駆け上がっているような強い逆風のなかでの、厳しいたたかいでした。

この総選挙で細川政権が生まれますが、「非自民連合」はにわか仕立てのものだったため、まもなく自壊します。筋を通した日本共産党への期待が広がり、新しい局面が開かれてきました。共産党躍進の波が起こってきました。私は「カヤの中」に入らなくてよかったと、つくづく痛感したしだいであります。

一九九〇年代後半の躍進――反共謀略と「二大政党の政権選択論」

党史上最高の峰への躍進――最大・最悪の厳しい逆風とのたたかい

第二は、一九九〇年代後半の躍進であります。一九九六年の総選挙で日本共産党は、七二七万票を獲得し、二六議席に躍進、九八年の参院選では八二〇万票、一五議席を獲得する大躍進を果たしました。

この峰は、党史上最高のものであり、その喜びは大きなものがありましたが、同時に、私たちは大きな課題があることも実感しました。それは党の政治的影響力の急拡大に、党の実力が追いついておらず、党を支持してくれた広大な新しい方々との組織的な結びつきがつくれていないという課題でした。

支配勢力は、またもや反共キャンペーンに訴えました。今度は謀略そのもののやり方でした。二〇〇〇年の総選挙で、出所不明の反共謀略ビラが大量に配布されました。選挙戦を走っておりまして、最終盤に急速に街の空気が冷え込んだことを思い出します。

続いて、本格的な反動的政界再編が開始されました。今度は、「自民か、民主か」という「二大政党の政権選択」のおしつけであります。この反動的政界再編の動きは、日本共産党を最初から国民の政党選択の枠外に追いやってしまおうというものであり、私たちが経験した中でも最大・最悪の厳しい逆風として作用しました。

この時期、わが党の国政選挙での得票は、三〇〇万票台から四〇〇万票台に落ち込み、議席は、衆議院で八～九議席、参議院で六議席まで押し込まれました。頑張っても、頑張っても国政選挙で結果が出せない状況が続きましたが、わが党は、党綱領にもとづいて、また党内外の方々の声に耳を傾けて、毎回の選挙結果を冷静に分析し、教訓を学び、団結して次のたたかいにのぞみました。

革新懇運動と「一点共闘」の発展――その後の市民と野党の共闘を支える土台に

こうした最も苦しい時期にも、わが党は統一戦線を発展させる新しい努力と探究を続けました。

草の根で革新懇運動が粘り強く続けられました。この運動では、「社公合意」のもとでも、勇気をもって統一戦線を発展させる立場にたつ社会民主主義者の方々が重要な役割を果たしてこられましたが、この時期に、経済界の重鎮も加わりました。

消費税が実施される直前の1989年3月末に開かれた、消費税廃止を求める中小業者の集会（東京・日比谷野外音楽堂）。消費税法の成立後も反対の声は続き「列島騒然」といわれた

経済同友会終身幹事・品川正治《まさじ》さんが代表世話人に就任しました。品川さんは、旧日本軍での白兵戦の地獄絵さながらの体験を経て、憲法九条を守りぬくことに強い情熱を傾けてこられた方ですが、品川さんが「戦争か平和かが問われる激突の時代に、私たちはすでに革新懇という組織をもっている。この時代に革新懇があって本当によかった」としみじみ語っておられたことを、感謝とともに思い出します。

この時期には、私たちが「一点共闘」と呼んだ課題ごとの協力が各分野で広がりました。二〇〇一年の憲法集会から日本共産党と社会民主党の党首が並んで訴えるという形での協力が始まりました。二〇〇四年には各界の著名人九氏の呼びかけにより「九条の会」がつくられ、この運動は全国津々浦々に広がり、憲法改悪の流れを阻止する重要な役割を発揮しています。

困難な時期に、草の根で粘り強く続けられた共闘の努力は、その後、市民と野党の共闘を支える土台となっていきました。苦しい時代の頑張りが、次の時代を準備した。私は、そのことを、この時期に共闘を支えたすべての方々への感謝を込めて強調したいのであります。

二〇一〇年代中頃の躍進――市民と野党の共闘への挑戦

党躍進を力に、〝国民の立場にたった政界の民主的改革〟に挑戦

第三は、二〇一〇年代中頃の躍進であります。二〇〇九年に民主党政権が誕生し、わが党は、当初は、「良いことには賛成、悪いことには反対、建設的提案を行う」という対応を行いました。しかし民主党政権は、まもなく辺野古新基地問題、消費税問題、原発問題などで自民党と同じ立場に落ち込み、失敗に終わりました。

「自民か、民主か」という「二大政党の政権選択」のおしつけが崩壊するもとで、平和でも暮らしでも筋を通した日本共産党への新しい期待が広がりました。わが党は、二〇一三年六月に行われた東京都議会議員選挙で八議席から一七議席への躍進をかちとりました。直後の七月に行われた参院選で五一五万票・八議席、一四年の総選挙で六〇六万票・二一議席への躍進を

かちとり、一六年の参院選でも六〇二万票を維持し改選議席を六議席に倍増させました。

苦しい時期をへての躍進は、全党の大きな喜びとなりましたが、ただ、この躍進のさいも、党の実力はともなっていませんでした。私たちは「実力以上の躍進」と総括し、何とかこのギャップを埋めねばという強い思いでの奮闘が、全国で続けられました。

この躍進を力に、わが党はかつてない挑戦を開始しました。二〇一五年九月、安倍政権によって、憲法違反の安保法制が強行されるという事態が起こり、この暴挙に反対する市民的・国民的運動が大きく発展し、「野党は共闘」という国民的たたかいに背中を押されて、私たちは党の歴史でかつてない新しい挑戦に踏み込みました。市民と野党の共闘への挑戦であります。

それまでの二回の躍進の場合、わが党の躍進は、支配勢力が主導しての反動的政界再編によって抑え込まれてきました。今度は、党の躍進を力にして、こちらから主導的に、〝国民の立場にたった政界の民主的改革〟に挑戦しよう――これが市民と野党の共闘への挑戦でありました。

熾烈な野党共闘攻撃・反共攻撃と、大逆流を押し返す全国の大奮闘

それだけに支配勢力の攻撃は、きわめて熾烈《しれつ》なものとなりました。二〇一七年の総選挙では、野党共闘を分断する突然の大逆流が持ち込まれました。共闘破壊のために野党第一党の民進党をまるまる「希望の党」に合流させ、一夜にして解体させたのであります。野党第一党を

まるまる解体させるというのは、日本の政治史上かつてない出来事でした。大逆流のもと、わが党は身をていして共闘を再構築するために奮闘しました。

それは共闘の灯を残す重要な成果をあげましたが、わが党の議席は一二議席に後退しました。しかし国会共闘の新たな前進が開始され、二〇二一年の総選挙では、野党間で共通政策とともに政権合意が確認されるもとで、政権交代に本気で挑むという党史上初めての挑戦を行いました。それだけにさらに激しい野党共闘攻撃・反共攻撃が行われ、共闘は確かな成果をあげましたが、わが党の議席は一〇議席に後退しました。

二回の総選挙での支配勢力による必死の野党共闘攻撃、反共攻撃は、支配勢力がいかに共闘を恐れているかを私たちに強く実感させるものでした。

今年（二〇二二年）七月に行われた参院選に向けても、野党共闘攻撃、反共攻撃はさらに激化しました。それは共闘の灯をつぶしてしまおう、日本共産党が参加する連合政権という事態は絶対に避けなければならないという支配勢力の危機感にたった攻撃でした。

全国の党員と後援会員のみなさん、支持者のみなさんは、野党共闘と日本共産党への攻撃、ウクライナ侵略に乗じた反共・改憲・大軍拡という二重の大逆流と正面から果敢にたたかいました。同年八月の第六回中央委員会総会では、参院選の結果を、「二重の大逆流を押し返す過程での一断面」と総括しました。

この攻防は現在進行形であります。全国のみなさん。次のたたかいでは必ず反転攻勢を実現しようではありませんか。

党綱領で統一戦線を高く掲げる党として、困難をのりこえこの道を成功させる

七年前（二〇一五年）に行った市民と野党の共闘という道の選択は、正しい選択だったでしょうか。

私たちは、安倍政権による立憲主義・民主主義・平和主義の破壊という非常事態をただすという大義を掲げて、共闘の道に踏み込んだことは、変革の党としての当然の責任だったと確信しています。

共闘によって、全国で新しい友人、信頼の絆《きずな》をつくりだしたことは、現在と未来に生きるものになると実感しています。

そして、この決断が、国民の日本共産党に対する見方を変え、新しい期待を広げていることも間違いないのではないでしょうか。

日本の政治を変える道は共闘しかありません。国民の願いにこたえるたたかいをあらゆる分野で起こすこと、日本共産党を強く大きくし、その政治的躍進をかちとることこそ、共闘を再構築する最大の推進力になります。

全国のみなさん。党綱領で統一戦線を高く掲げる党として、どんな困難があってもそれをのりこえて、この道を成功させるために力をつくそうではありませんか。

反共と反動のくわだての一歩一歩が、矛盾を広げ、支配体制をもろく弱いものに

苦しめられていたのは日本共産党だけではない、国民こそ最大の被害者だった

六〇年余の「政治対決の弁証法」を概括して、私が、強調したいのは、反共キャンペーン、反動的政界再編は、国民の暮らしと平和を破壊する政治と一体のものだったということです。苦しめられていたのは日本共産党だけではない。国民こそが最大の被害者だったのであります。

振り返ってみますと、一九八〇年代~九〇年代の時期に、「オール与党体制」のもと、異常な対米従属と財界中心の政治が、大手を振って横行するようになりました。経済政策では、臨調「行革」の名で、新自由主義の政策が開始され、国鉄など公共部門の民営化、社会保障削減で猛威を振るい始めました。外交・安保分野では、一九七〇年代までは米軍基地をアメリカの戦争に使うことが焦点でしたが、八〇年代に入るころから、ソ連との対決のさいに日本の軍事力をいかに使うか――米軍と自衛隊の共同軍事作戦の具体化が焦点となっていきました。

二〇〇〇年代の時期には、経済政策では、新自由主義の暴走がさらに顕著になりました。「構造改革」の名のもとに社会保障費の自然増削減、労働法制の規制緩和が強行されました。格差と貧困が広がり、二〇〇八年のリーマン・ショックのさいには「派遣切り」が強行され、一大社会問題になりました。外交・安保分野では、アフガニスタン戦争とイラク戦争への自衛

隊の派兵など、海外派兵が本格的に開始された時期となりました。

新しい政治を生み出す「夜明け前」――日本共産党躍進でそれを現実のものに

二〇一〇年代から今日にいたる時期は、新自由主義と「戦争する国」づくりの大暴走によって、矛盾がいよいよ深刻になった時期であります。

安倍・菅・岸田政権の一〇年が、日本の政治・経済・社会をどれだけ悪くしたか。「アベノミクス」で格差と貧困がさらに深刻になりました。日本は、世界でも例外的な「賃金が上がらない国」「成長できない国」に落ち込みました。安保法制強行など立憲主義・民主主義・平和主義の破壊が進みました。「森友・加計・桜を見る会」問題、統一協会と自民党などの深刻な癒着、憲法違反の安倍元首相の「国葬」強行など、政治モラルの退廃が文字通り底なしになっているではありませんか。

こうして反共と反動のくわだては、その一歩一歩が、自民党政治と国民との矛盾を広げ、その行き詰まりを深刻にしています。それは同じことの繰り返しでは決してありません。反共と反動のくわだてのたびごとに、国民との矛盾が蓄積し、その支配はもろく弱いものになっているのではないでしょうか。

ですから大局的・客観的に見るならば、日本はいま、新しい政治を生み出す「夜明け前」となっていると言っても過言ではありません。

ただ、社会の「夜明け」は自然には訪れません。異常な対米従属と財界中心の政治のゆがみを根本からただす綱領をもつ日本共産党を躍進させてこそ、「夜明け」は現実のものになる、みんなで日本の「夜明け」をつくろう、このことを私は強く訴えたいのであります。

強く大きな日本共産党の建設を——党の歴史的発展段階と展望をどうとらえるか

六〇年代の初心に立ち、「強く大きな党をつくって選挙に勝つ」という法則的発展を

その最大の力となり、保障となるのが、強く大きな日本共産党を建設することです。

「社公合意」以来の長年にわたる「日本共産党を除く壁」、ソ連・東欧崩壊を利用した日本共産党攻撃などの客観的情勢の困難は、党建設の前進にとっても大きな障害となりました。全国のみなさんの大奮闘が続けられてきましたが、私たちはなお、党勢を長期にわたる後退から前進に転ずることに成功していません。

現在、党員の現勢は約二六万人、「しんぶん赤旗」の読者数は約九〇万人となっています。歴史的に見ると、わが党の党勢は、一九六五年～六六年の水準であることを、率直にお伝えしなければなりません。

私は、この事実を直視し、一九六一年に綱領を確定した党が、党建設の新たな前進をつくっていった一九六〇年代の初心にたって、党づくりに取り組むことを、また党づくりへのご協力を、心から訴えたいと思います。

六〇年代の党建設の歴史には、〝目標と期限を数字としてかかげて目的意識的・計画的に党

建設に取り組む〟という、党の歴史でもそれまでやったことのない党建設に取り組んだ先人たちの不屈の開拓者的なたたかいが記録されています。

一九六〇年代の党建設の飛躍的発展は、七〇年代の第一の躍進を準備するものとなりました。全国のみなさん。六〇年代から七〇年代のような、「強く大きな党をつくり、その力で選挙に勝ち、さらに強く大きな党をつくる」という法則的な発展を、今日の新しい情勢のもとで、みんなの力でつくりだそうではありませんか。

党の歴史的発展段階と客観的条件――四つの巨大な変化に確信をもって

それは可能でしょうか。一九六〇年代中頃と比較して、現在の党の歴史的発展段階、党をとりまく客観的条件を大きくとらえたときに、そこには巨大な変化があることを強調したいと思います。

第一は、綱領路線の発展であります。すでにお話ししてきたように、私たちは、六一年綱領を土台に、科学的社会主義の本来の生命力、魅力を全面的に生かした大きな理論的到達点を手にしています。そのなかで気候危機打開やジェンダー平等など現代の最先端の課題を綱領に位置づけたことも、若い人々の心に響いています。

第二は、自民党政治の行き詰まりであります。一九六〇年代中頃は、自民党政治がインフレや公害問題など矛盾を拡大しながらも「高度経済成長」を実現した時期でした。ところが今日では、日本は「成長できない国」に転落し、出口の見えない深刻な危機に陥っているではありませんか。日本の現状は、日本共産党の発展を強く求めているのであります。

第三は、日本共産党の政治的影響力の大きさであります。一九六〇年代中頃に、わが党が国政選挙で獲得した得票は百数十万票～二〇〇万票程度でした。国政への影響力はごくわずかでしかありませんでした。現在、わが党の国政における存在感ははるかに大きなものがあります。地方政治はどうでしょうか。六〇年代中頃は、わが党の地方議員数は約一二〇〇人、議席占有率は一・五パーセント程度でした。現在は二五二七人、議席占有率は七・八パーセントとなっています。全党のみなさんのたゆまぬ奮闘によって、地方議員という草の根での力を持ちこたえてきた意義はたいへんに大きなものがあります。このことをみんなの確信にして、来春（二〇二三年）の統一地方選挙でこの力を必ず大きくしようではありませんか。

第四は、国際政治で〝主役交代〟が起こっていることであります。一九六〇年代中頃の世界は、植民地支配の崩壊はほぼ完了していましたが、新たに独立した国ぐにが国際政治で力を発揮しだすのは一九八〇年代以降の時期であって、なお一握りの大国が世界を思いのままに支配する時代でした。今日ではどうでしょう。核兵器禁止条約の成立が象徴するように、一握りの大国から、世界の多数の国ぐにの政府と市民社会へと国際政治の主役が大きく代わり、日本共産党はこの新しい世界において本流のど真ん中を歩んでいます。

全国のみなさん。歴史は決して無駄に流れてはいません。この巨大な変化を生かして、未来をひらく強く大きな党をつくるために力をそそぐ決意を、日本共産党創立一〇〇周年にあたって固めようではありませんか。

結び――次の一〇〇年に向かって

日本共産党の規約は、党の性格を次のように明記しています。

「党は、創立以来の『国民が主人公』の信条に立ち、つねに国民の切実な利益の実現と社会進歩の促進のためにたたかい、日本社会のなかで不屈の先進的な役割をはたすことを、自らの責務として自覚している。終局の目標として、人間による人間の搾取もなく、抑圧も戦争もない、真に平等で自由な人間関係からなる共同社会の実現をめざす」

ここには、日本共産党が、終局の目標として、社会主義・共産主義をめざす革命政党であることが規定されています。

きょう、私は、「革命」という言葉を何度も使ってきましたが、革命とは、恐ろしいことでも、混乱でもありません。私たちがめざしている革命とは、平和的で、合理的な方法で、同時に、根本から、社会変革をすすめるということであります。

だからこそわが党は、きょう、るるお話ししてきたように、支配勢力の激しい攻撃につねにさらされてきました。一〇〇年を振り返ってみて、わが党にとって順風満帆な時期はひと時もありません。たえず攻撃にさらされ、それを打ち破りながら前途を開く――開拓と苦闘の一〇〇年が、日本共産党の一〇〇年であります。しかし、支配勢力による攻撃は、わが党が革命政党であることの証しであり、社会進歩の大きな流れのなかでみれば、たいへん名誉なことではないでしょうか。

日本の政治は、新しい政治への転換をはらむ大きな激動のさなかにあります。世界では、資本主義の体制的矛盾が、貧困と格差、気候危機など、あらゆる分野で噴き出しています。これらは次の一〇〇年を、日本国民にとっても、世界の諸国民にとっても、大きな進歩と発展の一〇〇年にしうる条件が存在していることを示しているのではないでしょうか。

「日本共産党」の名がいよいよ生きる時代に私たちは生きています。

全国のみなさん。一〇〇年の歴史で発揮された特質――どんな困難にも負けない不屈性、科学の立場での自己改革、国民との共同――統一戦線を追求するという特質を、新しい時代にふさわしい形で発展させ、新しい世代に私たちの事業を継承し、希望ある未来をひらくためにともに奮闘しようではありませんか。

そして、きょうの講演を聞いていただき、私たちの歴史と綱領に共感していただいた方は、どうか一〇〇周年のこの機会に日本共産党に入党していただき、たった一度しかない大切な人生を、社会進歩と重ねて生きる選択をしていただくことを、心から呼びかけるものです。

以上で、記念講演を終わりにいたします。

日本共産党創立一〇〇周年万歳。ありがとうございました。

（「しんぶん赤旗」二〇二二年九月一九日付）

Ⅱ

歴史に深く学び、つよく大きな党を

――日本共産党創立一〇一周年記念講演（二〇二三・九・一五）

全国のみなさん、こんばんは。ご紹介いただきました日本共産党の志位和夫でございます。きょうは、私たちの記念講演会にご参加いただき、まことにありがとうございます。

七月に発表した党史『日本共産党の百年』に対して、党内外から大きな反響が寄せられています。私は、先日、ある著名な評論家と懇談する機会がありました。この方は、お会いするなり、「一〇〇年党史を読ませていただきました」とのべ、次のような感想を語ってくれました。

「歴史から深く学び、正義を貫く。一〇〇年党史を読んで、これが日本共産党の歴史、役割だと思いました。一〇〇年の歴史で、アメリカにも、ソ連にも、中国にも従わなかった。日本共産党こそ、『自立自尊』の立場で一貫してたたかってきた愛国者の党です」

たいへんにうれしい評価であります。

きょうは、「歴史に深く学び、つよく大きな党を――『日本共産党の百年』を語る」と題して、『百年』史そのものを主題にしてお話をしたいと思います。

生きた攻防と成長のプロセス――「たたかいの弁証法」を明らかに

『百年』史の編纂《へんさん》にさいして、私たちが最も心がけたのは、わが党が、古い政治にしがみつく勢力から、つねにさまざまな非難や攻撃にさらされ、それを打ち破りながら、自らの路線、理論、運動、組織の成長をはかっていく、生きた攻防と成長のプロセスとしての歴史を明らかにすることでした。

日本共産党の歴史には、順風満帆《じゅんぷうまんぱん》な時期、たんたんと成長した時期はひと時としてありません。つねにさまざまな迫害や攻撃に抗しながら、自らを鍛え、成長させ、新たな時代を開く――私たちはこれを「階級闘争の弁証法」＝「政治対決の弁証法」と呼んでいますが――、そうした開拓と苦闘の一〇〇年でした。『百年』史では、その全体にわたって、そのことが浮き彫りになる構成と叙述となるように努めました。

わが党が、歴史の節々で直面した試練に対して、どういう姿勢で立ち向かい、どうやって自らを成長させていったか、『百年』史がそのことをどう描いているかに焦点をあてて、きょうはお話をしたいと思います。

『百年』史では、この一世紀で日本共産党が果たした、日本と世界の進歩への貢献について太く明らかにするとともに、過去の誤り、歴史的制約、そして自己改革の足跡についても、国民の前に率直に明らかにしています。歴史への貢献と、自己分析性の両面で、一〇〇年に及ぶ一貫した党史を持つことができる党は、世界を見渡してもそうはないということがいえるのではないでしょうか。私たちの自己改革の足跡についても、講演のなかでふれていきたいと思います。

みなさん、どうか最後までよろしくお願いいたします。

一　戦前の不屈の活動
――迫害や弾圧に抗しての、成長と発展のための努力

まず、『百年』史・第一章「日本共産党の創立と戦前の不屈の活動（一九二二～四五年）」についてお話しします。

わが党の戦前の歴史は、党創立のはじめから天皇制権力によるくりかえしの苛烈《かれつ》な迫害と弾圧を受け、これに命がけで抗しながら、自らの成長と発展のための努力を続けていった歴史であり、次の時代を準備する歴史的意義をもつものでした。

『百年』史では、戦前の党史を三つの時期に区分しています。「党創立と初期の活動（一九二二～二七年）」、「〝ここに日本共産党あり〟の旗を掲げて（一九二七～三五年）」、「次の時代を準備する不屈のたたかい（一九三五～四五年）」であります。戦前史でこうした区分を行ったのは、わが党の党史では今回が初めてですが、そのことによって、弾圧に抗しての不屈の成長のプロセスをくっきりと浮き彫りにすることができたと思います。

党創立と初期の活動（一九二二～二七年）

第一の時期は、「党創立と初期の活動」（一九二二～二七年）であります。創立初期の党活動は、党員グループを中心に行われ、国民の多くも党の存在を知りませんでした。

「綱領草案」――掲げた項目のほとんどは戦後、日本国憲法のもとで実現した

この時期に、まず党が直面した大きな課題は、綱領を決めることでした。党は、創立の翌年、一九二三年三月の大会で「綱領草案」を検討します。「綱領草案」は、国民の苦しみのおおもとにある天皇絶対の専制政治をやめさせ、国民主権の政治をつくる民主主義革命の旗を掲げ、引き続いて社会主義革命に前進する展望を明らかにしました。

「当面の要求」として、君主制の廃止、一八歳以上の男女普通選挙権、八時間労働制、外国に対する干渉企図の中止、朝鮮・中国・台湾・樺太《からふと》からの軍隊完全撤退など二二項目を掲げました。「綱領草案」は審議未了となりましたが、そこで掲げた項目のほとんどは戦後、日本国憲法のもとで実現することになりました。それは創立当初のわが党のたたかいが、どんなに先駆的なものであったかを雄弁に示すものではないでしょうか。

二三年の弾圧、党再建と本格的な前進、「無産者新聞」の輝かしい歴史

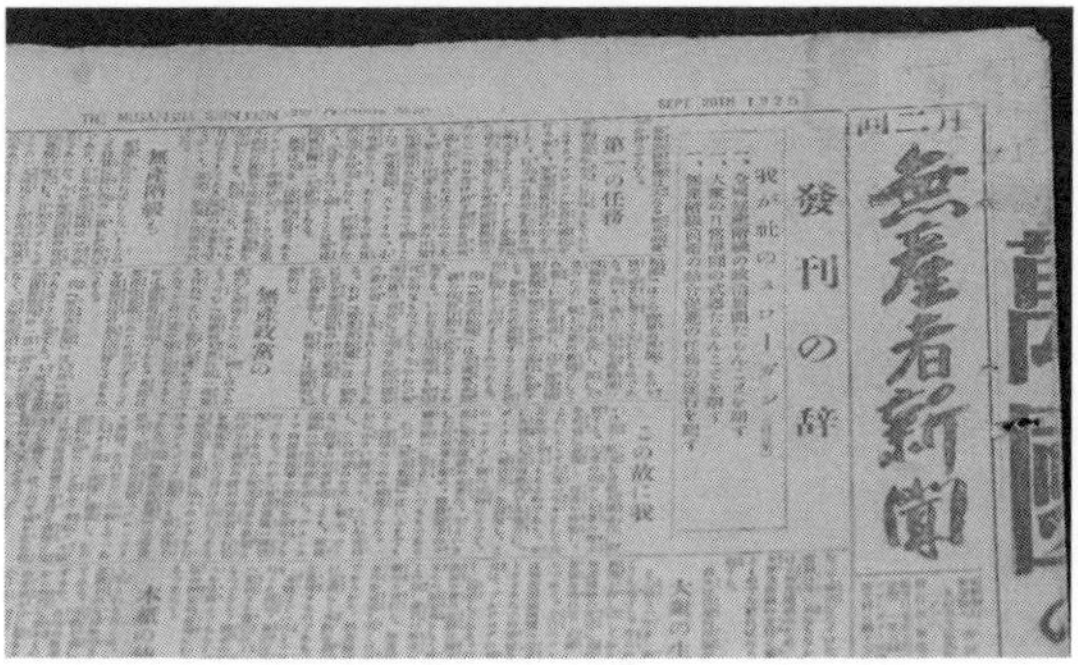

1925年に創刊された無産者新聞

生まれたばかりの党を弾圧の試練が襲います。一九二三年六月、党は最初の弾圧を受け、執行部を含む約八〇人が検挙される大打撃を受けます。さらに同年九月、関東大震災の混乱に乗じて、軍と警察の一部、扇動された自警団などによって多くの朝鮮・中国の人々が虐殺され、軍と警察によって日本共産青年同盟の初代委員長・川合義虎など共産党員を含む労働者が殺害されるという事件が引き起こされました。

こうした弾圧とテロに直面して、一部の人々の間で〝解党〟――党の解散を決める誤りが生まれましたが、党に参加した人々はくじけることなく党を再建し、活動の本格的な前進をはかります。

『百年』史では、党も支持・援助して結成された労働農民党、東京・共同印刷や浜松・日本楽器の長期ストライキなど労働運動の発展、新潟県木崎村の大小作争議などのたたかいが叙述されていますが、私が、この時期の重要な活動として紹介したいのは、党が一九二五年九月、合法的に発行可能な新聞として「無産者新聞」を創刊したことであります。

「無産者新聞」は、二五年から二九年の期間、厳しい検閲と発禁処分を受けながら、平均二

万数千部、最大四万部の発行をなしとげ、全国に百数十の支局をもち、民主・平和の世論形成に大きな役割を発揮しました。発禁処分があいつぐなか、差し押さえをかいくぐって読者のもとに配布するためにさまざまな努力が払われました。合法紙として発行するためには、検閲のために新聞を内務省に届け出なければなりませんでしたが、この届け出をできる限り遅らせ、発禁処分が出た時には、すでに配布を終えているというとりくみが行われました。新聞ができしだい、多くの労働者や学生の協力もえて、短時間のうちに発送・配布をやりぬいたのであります。天皇制権力の激しい弾圧に抗して、四万部もの新聞を読者のもとに届けた先人たちの奮闘に、私は、大きな敬意の気持ちを抱かずにはいられません。「無産者新聞」は、二九年に入って、発行する全号が発禁処分とされ、八月、廃刊に追い込まれますが、このとりくみは、党中央機関紙「赤旗《せっき》」――今日の「しんぶん赤旗」の〝前史〟をなすものとして輝かしい歴史を刻んだことを強調したいと思います。

「無産者新聞」の立ち売り風景

この時期の党の活動には、一つの大きな弱点がありました。それは、天皇制権力の厳しい弾圧のもとで、どうやって党をつくり、どうやって活動していくのか――党建設と党活動についての方針が明瞭でなく、党建設の意義を否定したり、弱めたりする議論が影響力をもっていたことです。この弱点を克服して、党活動の新たな質的発展を開いたのが次の時期となります。

〝ここに日本共産党あり〟の旗を掲げて（一九二七～三五年）

『百年』史では、戦前の第二の時期に、「〝ここに日本共産党あり〟の旗を掲げて（一九二七～三五年）」という見出しをつけました。

「二七年テーゼ」、「赤旗」の発刊、二八年二月の総選挙のたたかい

一九二七年七月、モスクワに派遣されていた党代表は、国際組織「共産主義インタナショナル」（コミンテルン）との協議によって、「日本問題にかんする決議」――「二七年テーゼ」をつくります。「二七年テーゼ」は、君主制の廃止などを主な内容とする民主主義革命から社会主義革命への発展を展望する戦略論をより立ち入って明らかにするとともに、「大衆的共産党」を建設するという方針を打ち出したことに重要な特徴がありました。

党が国民の目から隠されていたそれまでの状態を抜け出して、「権力の前には非公然だが、国民の前には〝ここに日本共産党あり〟という旗を公然と掲げて活動する」という方向に、党

活動の大転換をはかっていったのです。

　一九二八年二月一日、この方針のもとに開始されたのが、非合法の党中央機関紙「赤旗」の発刊であり、それは、今日の「しんぶん赤旗」にいたる誇るべき歴史を刻んでいくことになります。

当選にわく山本宣治選挙事務所

　『百年』史は、党の本格的な建設にふみだした日本共産党が直面した全国的闘争――一九二八年二月に行われた普通選挙法による最初の総選挙について叙述しています。普通選挙制といっても、選挙権は男性にしか与えられていません。議会は立法権を持たず天皇を「協賛」するだけのものでした。しかし、党はこのとりくみを重視し、一一人の党員を労農党から立候補させ、党の独自の政策も発表し、「赤旗」と党名入りのビラ、リーフレットを発行して、党の政策を訴える活動を展開しました。

　当時、銀行員で入党前だった作家・小林多喜二は、北海道一区から立候補した党員の山本懸蔵を応援しています。多喜二は、その熱気あふれる情景を『東倶知安行《ひがしくつちゃんこう》』と題する小説でつぎのように生き生きと残しています。

「（小樽）市内では、毎晩同時に三ヵ所位ずつ、島田正策（山本懸蔵のこと―引用者）の政見発表演説会を開いた。それには組合や党の幹部が皆出た。今迄《いままで》ブルジョアやその鼻息をうかゞう陣笠連の上品な、型通りの演説ばかりに慣れ切っていた一般民衆は、この粗野な、図太い、グンと迫る――すべてが正反対の絶叫をきいて、吃驚《びっくり》した。それが、不思議にどの他の演説会よりも人気を呼んで、殆《ほと》んど満員ばかりだった」

初めて選挙活動に参加した青年・多喜二のあふれるような感動が伝わってくる作品です。

労農党は、一九万票を獲得し、京都二区の山本宣治ら二人の当選者を出しました。驚くのは、こうした活動とともに、日本共産党が、党員数を百数十人から一挙に四〇〇人を超えるところまで増やしたことであります。選挙のなかで党建設を行うことは、いまでもなかなか難しい課題ですが、先人たちは弾圧下でこのとりくみを勇敢になしとげていったのであります。

二八年、二九年の大弾圧、党中央の再建と侵略戦争反対のたたかい

天皇制権力は、選挙をつうじて国民の前に公然と姿を現してきた日本共産党の前進に驚き、強い恐怖を抱きます。

彼らは、治安維持法をふるって、二度にわたる大弾圧を強行しました。一六〇〇人におよぶ党員と党支持者を検挙した一九二八年三月一五日の大弾圧と、約一〇〇〇人の党員と党支持者を検挙した一九二九年四月一六日とそれに引き続く大弾圧であります。特高警察によって、警

察の留置場で手段を選ばない拷問が行われました。二回の大弾圧によって市川正一をはじめ党の主だった幹部は、ほとんど検挙されました。それは根こそぎに近い大打撃でした。

弾圧を受けて、党の一部には弾圧に屈する部分も出てきます。ごく一時期、冒険主義的な誤りも生まれました。しかし、大弾圧は党をつぶすことはできませんでした。一九三一年一月、党は、党中央を再建し、新しい党指導部のもとで、活動を大きく発展させました。「赤旗」も再刊されただけでなく活版化を実現します。

「もぐら争議」といわれた地下鉄ストライキの勝利を喜ぶ争議団の人々（1932年）

　そうした党がただちに直面したのが侵略戦争に反対するたたかいでした。一九三一年九月、天皇制政府によって引き起こされた中国侵略戦争にさいして、党は、戦争開始の二カ月以上前から、侵略戦争に警鐘を鳴らすとともに、戦争開始の翌日、ただちに檄《げき》を発表し、「帝国主義戦争反対、中国から手を引け」と訴えてたたかいました。

　党は、民主的諸団体と連携して、さまざまな形で戦争反対の運動にとりくみました。三二年には「もぐら争議」といわれた東京・地下鉄のストライキがたたかわれ、「出征中は給料を全額支給しろ」など二七項目の要求を突きつけ、二一項目について成果をあげる勝利のストライキとなりました。軍部も否定できないような要求を掲げながら、反戦の意思を示していくという、実に勇敢で創意的なたたかいを行ったのです。

日本が重大な歴史的岐路にあるもとで、日本共産党以外のすべての政党と全国新聞が、侵略戦争を積極的に支持するもとで、党と「赤旗」が命がけで侵略戦争反対の旗を掲げ続けたことは、私たちの大きな誇りであります。

「三二年テーゼ」、コミンテルンと日本共産党の関係について

侵略戦争開始のもとで、日本の情勢と革命の展望をより明確に明らかにすることが切実な課題となりました。コミンテルンで党代表も参加して、日本問題の検討が行われ、三二年五月、「日本における情勢と日本共産党の任務に関するテーゼ」――「三二年テーゼ」がつくられました。「三二年テーゼ」は、天皇絶対の専制政治――絶対主義的天皇制を深く分析し、当面の革命の性格を民主主義革命としました。日本の情勢の具体的な分析にもとづいて、専制政治の打破と民主的変革を訴えた「三二年テーゼ」は、その後の党活動の発

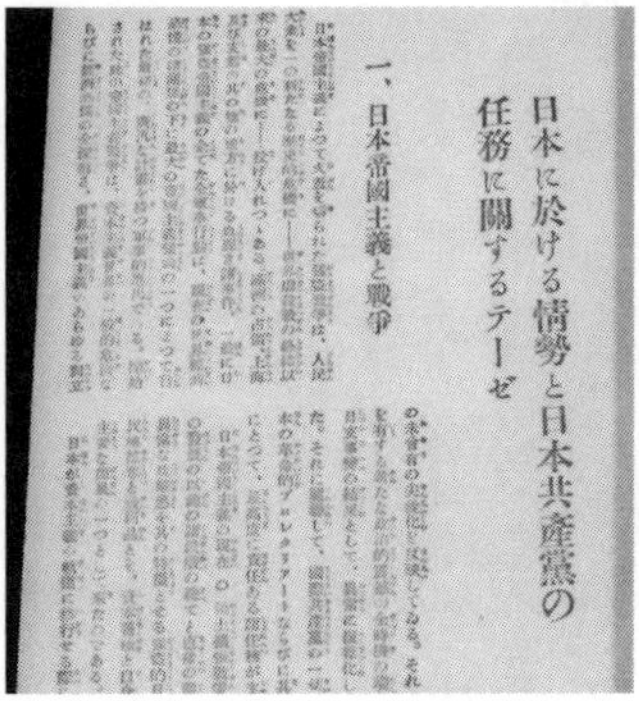
日本に於ける情勢と日本共産黨の任務に關するテーゼ

一、日本帝國主義と戰爭

「32年テーゼ」全文を載せた「赤旗」特別号

展を支える最も重要な指針となりました。

ここでコミンテルンと日本共産党の関係について、のべておきたいと思います。『百年』史では、その中心点を明らかにしています。

第一に、「二七年テーゼ」「三二年テーゼ」のころまでは、コミンテルンが政治上、組織上の誤りや弱点をもちながらも、全体としては、まだ国際組織としての健全さをもっていたこと、第二に、二つの「テーゼ」は、日本の党代表も参加し討議して決めたものであり、どちらの場合にも、「テーゼ」が出る前に、野呂栄太郎など日本の若い理論家たちが日本の社会を自分たちで分析し、「テーゼ」に先立ってほぼ同じ結論を出していたことが、重要な点であります。

天皇制権力は、日本共産党を「コミンテルンの手先」と攻撃し、同じ立場からの攻撃は戦後も続いていますが、これは日本共産党が行った主体的な探究を無視した、不当な一面的論断といわなければなりません。

二度の大弾圧をへた三〇年代初頭の時期に、日本共産党の影響力は戦前で最大に

私が、ここで強調したいのは、二度の大弾圧をへた一九三〇年代初頭の時期に、日本共産党の政治的・社会的影響力は戦前で最大のものとなったという事実であります。

「赤旗」は、三一年四月から活版印刷となり、発行部数は七〇〇〇部にのぼり、〝回し読み〟され、実際にははるかに多くの読者を得ていました。党は、東京、大阪の陸軍連隊、横須賀、呉の軍港、戦艦長門、榛名《はるな》、山城など軍艦のなかにも党組織をつくり、軍のなかからも勇敢に

「赤旗」は1932年4月8日の第69号から活版印刷となった

赤旗パンフレット『兵士諸君に與ふ』(1932年9月1日発行)

反戦平和の声をあげました。

　三二年五月から三三年八月にかけて、野呂栄太郎の指導のもとに党内外の若いマルクス主義理論家が参加して岩波書店から『日本資本主義発達史講座』が刊行されましたが、その内容は、国際的に見てもきわめて高い水準にあり、今日から見ても歴史学と経済学における科学的な金字塔というべき偉業であります。小林多喜二や宮本百合子に代表される「プロレタリア文学」――進歩的な芸術・文化運動は、社会的に大きな影響力を広げました。

　天皇制権力の繰り返しの弾圧も、日本共産党をつぶすことはできず、反対に、党は、この時期に、弾圧に抗して驚くべき成長と発展を記録しました。みなさん。先人たちのこの不屈の奮闘は、今を生きる私たちを励ましてやまないものがあるのではないでしょうか。

左から飯島喜美、高島満兎、田中サガヨ、伊藤千代子

日本共産党に参加した女性たちの不屈の青春――飯島喜美のたたかいにふれて

『百年』史では、この時代に、日本共産党に参加した女性たちの不屈の青春について、新たに一項を起こして叙述し、飯島喜美《きみ》、高島満兎《まと》、田中サガヨ、伊藤千代子――いずれも二四歳の若さで弾圧にたおれた四人の女性党員のたたかいについて明らかにしています。それぞれが深く心をうつものですが、きょうは、飯島喜美について話したいと思います。

飯島喜美は、貧しい家に生まれ、他人の家で女中奉公の苦労をし、『女工哀史』の舞台としても有名な東京モスリン亀戸工場に就職します。工場では、女性労働者への苛酷な搾取と収奪に対して、繰り返しストライキが起こりますが、飯島喜美はこのたたかいに参加し、一六歳でそのリーダーとなり、ストライキを勝利に導きます。

一九二九年四月一六日の大弾圧の直後、喜美は日本共産党に入党し、一九三〇年五月にモスクワで開かれた国際的な労働組合組織の大会に、日本代表団の一人として参加し、日本の女性労働者が置かれた劣悪な状態と、たたかいの発展方向を堂々と演説し、国際的注

東京モスリン亀戸工場の労働者たち。二列目右端が飯島喜美（1927年）

目を集めました。

　一九三一年一〇月に帰国後、飯島喜美は、日本共産党中央婦人部の任務につきますが、ここでの喜美の働きは素晴らしいものがありました。

　彼女が中央婦人部で働いていた三二年五月に、『勤労婦人間の活動に於《お》ける吾《わが》党当面の方針』――女性労働者のなかでどうやって活動していくかという方針が作成されます。『百年』史は、この方針書の重要な意義について党史としては初めて言及していますが、今読んでも実に全面的で堂々たる内容であります。方針書は、女性労働者の置かれている状態が「植民地的に劣悪」であり、差別的であることを詳細に告発し、にもかかわらず党の過去の活動が、工場や職場を基礎として女性労働者の組織化をはかるうえで「甚《はなは》だしく消極的」であったことを厳しく批判し、女性労働者のなかでの活動の抜本的強化方向を明らかにしていいます。この方針書の中では、「赤旗」などの紙面で女性の問題をもっととりあげていくことも明記されました。

その後、「赤旗」の記事に大きな変化が表れました。「赤旗」三二年七月一五日付には、「婦人欄」が付録としてつけられ、まるまる一ページを使っての「婦人大特集」になっています。「戦争が広がる　婦人は起《た》って反対せねばならぬ」というたたかいが呼びかけられ、女性が各分野で置かれている差別的で劣悪な状態を告発しながら、たたかいを呼びかけています。これらの中央婦人部の奮闘が、『女工哀史』の舞台となった工場が生んだ女性革命家・飯島喜美によって支えられていたことは、間違いないことだと思います。

飯島喜美の遺品となったコンパクト。「闘争」「死」という文字が刻まれていた

飯島喜美は、特高警察によって、一九三三年五月に検挙され、残虐な拷問・侮辱に耐え、不屈にたたかって、三五年一二月、栃木刑務所でひっそりと息絶えました。二四歳の誕生日を迎えた翌日でした。

私が、彼女の最後についての出来事で、とりわけ深い憤りを覚えずにはいられないのは、刑務所のとった冷酷な仕打ちであります。刑務所は、喜美が危篤におちいるとすぐに、死亡のさいには研究材料として千葉医科大学に送っても異存はないかという手紙を、喜美の父親あてに出しています。喜美は、父親について、おりにふれて「お父さんは私を理解して、はげましてくれている」と語っていたといいます。そうした父親に対して、まともな治療もせず、まだ生きているうちから、〝お前の娘を学術研究用に解剖する〟という通知を平気で出す。何と非道なことでしょうか。喜美の遺品となったコンパクトには、「闘争・死」という文字が刻みこまれていました。命がけでたたかい抜くという決意を込めたものだと思います。

戦前のわが党のたたかいに対して、「日本共産党は女性を踏み台にした非人間的な党」という批判・攻撃が、繰り返し行われてきました。『百年』史は、そうした論難が、事実に全く反するものだったことを明らかにし、次のようにキッパリと反論しています。

「もしも、そのような党だったら、どうして多くの若い女性たちが、困難を恐れず、党の一員となり、『くじけない志』をもって頑張りぬくことができたでしょうか」

これが私たちの反論であります。

四人の女性革命家は、亡くなるときに、党の『百年』史にその名が刻まれることになることを、もちろん予想しなかったでしょう。しかし、私たちは、無数の先人たちの開拓と苦闘のうえに今日の日本共産党があることを、決して忘れてはならないし、決して忘れません。侵略戦争に命がけで反対を貫き、国民主権の日本を求め続けた理性のたたかいは、ひとり日本共産党にとっての誇りある歴史というだけでなく、人間社会の進歩と発展を願うすべての人々にとって、大きな誇りになりうるものではないでしょうか。

次の時代を準備する不屈のたたかい（一九三五～四五年）

戦前の第三の時期の党のたたかいを、『百年』史では「次の時代を準備する不屈のたたかい（一九三五～四五年）」と特徴づけました。

残虐さを増した弾圧――党のたたかいは不屈に続けられた

一九三二年～三三年、天皇制権力による弾圧は残虐さを増し、上田茂樹、岩田義道、西田信春、小林多喜二が特高警察によって虐殺され、あるいは闇から闇に葬られました。野呂栄太郎は検挙され、拷問による健康悪化で、三四年二月、死去しました。三五年三月、党中央の組織的活動は中断に追い込まれました。

しかし、党のたたかいは不屈に続けられました。各地での活動が続けられ、海外での反戦平和の活動が続けられ、獄中と法廷でのたたかいが続けられました。『百年』史は、この時期に続けられたたたかいを具体的に叙述し、その全体を、「戦後の新しい時代を準備する営み」と意義づけています。

宮本顕治・宮本百合子の「一二年」と、敗戦直後の『歌声よ、おこれ』の呼びかけ

その一つとして、『百年』史では、宮本顕治と宮本百合子夫妻の一二年におよぶたたかいを

詳細に叙述しています。宮本夫妻の「十二年」については、昨年（二〇二二年）の党創立記念講演（本書Ⅰ）で詳しくお話しする機会がありました。昨年の講演では、二〇〇七年、宮本顕治さんが亡くなったさいに、「九条の会」の呼びかけ人の一人で評論家の加藤周一さんが、「宮本さんは反戦によって日本人の名誉を救った」との弔意を寄せてくれたことを紹介しました。きょうお話ししたいのは、加藤さんのこの言葉が、次のような文脈で語られていたということです。

「戦後すぐの時期に、宮本顕治さんと雑誌で対談したときの印象はいまでも鮮明に思い出す。宮本百合子が『歌声よ、おこれ』を書いた解放感が社会にみなぎっていた。顕治さんはその渦中の人であり、獄中で非転向を貫いた十二年があったから、ほかの人をはるかに超える解放感を感じたに違いない。……私の世代はよく知っているが、宮本夫妻の戦時下の往復書簡『十二年の手紙』は、日本のファシズムに対する抵抗の歌である。窒息しそうな空気の中で最後まで知性と人間性を守った記録である。

　歴史的記念碑ともいうべき宮本顕治さんの偉大さは十五年戦争に反対を貫いたことである。それができた人は、日本では例外中の例外だった。宮本顕治と百合子はあの時代にはっきりした反戦を表明し、そのために激しい弾圧を受けた。その経験なしには『歌声よ、おこれ』の解放感は生まれなかったろう。……宮本顕治さんは反戦によって日本人の名誉を救った。戦争が終わり世界中が喜んでいるのに日本人だけが茫然《ぼうぜん》自失《じしつ》状態だった時に、宮本さんは世界の知識層と同じように反応することができた」

宮本百合子が、日本軍国主義の敗戦直後の一九四六年一月、加藤さんの言葉を借りれば「茫然自失状態」だった日本の文学者や国民に向かって、「歌声よ、おこれ」と呼びかけた一文は、多くの人々に強烈なインパクトを持って受け止められました。百合子が、こういう呼びかけを発することができたのは、顕治との精神的交流のなかで、「窒息しそうな空気の中で最後まで知性と人間性を守った」からであり、日本軍国主義の敗戦を、成熟と成長のなかで確かな備えをもって迎えることができたからにほかなりません。

一九三五年～四五年という最も困難な時代にも、日本共産党の旗は毅然《きぜん》として守られ、成長への努力は続けられました。次の時代を準備する不屈のたたかいが続けられたからこそ、戦後の日本国憲法に明記された国民主権と恒久平和主義は、外国からの借り物でなく、日本国民が生み出したものだと、私たちは胸を張って言えるということを、私は、先人たちの苦闘への深い敬意をこめて強調したいと思います。

二　戦後の十数年
――「大きな悲劇を未来への光ある序曲に転じ」た開拓と苦闘

『百年』史・第二章「戦後の十数年と日本共産党（一九四五～六一年）」に進みます。この章の特徴は、日本軍国主義の敗北によって、党が合法政党として新たな奮闘を開始した一九四五年から、綱領路線を確立した一九六一年までを、一つの章にまとめたことにあります。そうすることで、この時期の〝波瀾万丈《はらんばんじょう》〟とも呼ぶべき「たたかいの弁証法」がくっきりと浮き彫りになると考えました。

一九五〇年、日本共産党は、党の不幸な分裂という、党史上最大の危機におちいります。今日、私たちはこの問題を「五〇年問題」と呼んでいますが、当時、分裂を克服して統一を実現するたたかいの先頭にたった宮本顕治さんは、後年、この問題を、「日本共産党史上、最大の悲劇的な大事件だった」とのべるとともに、「この大きな悲劇を未来への光ある序曲に転じることこそ、私たちの新しい生きがいだった」と語っています。私たちの先人たちは、いかにして党史上最大の悲劇を「未来への光ある序曲」に変えていったか。そのことに焦点をあてて話したいと思います。

敗戦後、党が果たした積極的役割と弱点について

日本国憲法に「国民主権」を明記し、「日本の完全な独立」の旗を敢然と掲げる

敗戦直後の日本は、アメリカを主力とする連合国軍の占領下に置かれます。この時期、党は、二つの大きな政治問題に直面します。

第一は、新憲法で日本の政治体制をどうするか——とくに国の主権者をどう規定づけるかと

いう問題でした。

　当初、日本政府も、他の政党も、戦前と同じ天皇主権を、公然と、あるいは折衷的な形で認めた憲法改正案を提起します。その後、占領軍と日本政府が協議して、憲法制定議会に出してきた憲法改正案も、肝心の国民主権の規定が欠落したものでした。

　こうしたもとで憲法に国民主権を明記することを、一貫して要求し続けたのは政党では日本共産党だけでありました。党のこの先駆的奮闘は、連合国の対日政策の最高機関である極東委員会の動きともあいまって、日本国憲法に「国民主権」を明記するという歴史的な成果につながりました。

民主主義擁護同盟結成大会（1949年）

　第二は、占領支配に対する態度の問題でした。

　米占領軍は、占領の初期は一連の民主化政策を実行しますが、一九四七年初頭から占領政策の反動的な転換が起こります。その時期に、社会党と保守政党との連立内閣がつくられ、日本共産党以外のすべての政党が占領政策の「与党」になるという「オール与党」の政治が生まれました。

　米占領下で、占領政策と正面からたたかい、「日本の完全な独立」の旗を敢然と掲げた唯一の党が日本共産党だったことも、特筆すべき歴史的事実であります。

　こうした「オール与党」政治の矛盾が噴き出したのが、

一九四九年一月の総選挙でした。社会党が激減するなかで、日本共産党は三五議席へと大躍進をとげます。四九年七月、統一戦線組織――民主主義擁護同盟が結成され、構成員が最大規模――一一〇〇万人にのぼったことも、画期的な出来事でした。

占領軍による日本共産党撃滅作戦と、当時の党が抱えていた弱点

日本共産党の躍進は一大逆流を呼び起こしました。

日本共産党が、自分たちの対日政策の最大の障害になると恐れた占領軍は、一九四九年、総がかりで日本共産党撃滅作戦にとりかかります。攻撃の矛先は、まず階級的な労働組合運動をつぶすことに向けられ、国鉄と全逓で大量首切りが強行されました。松川事件などの謀略事件が引き起こされ、占領軍と日本政府は、党と労働組合が引き起こしたかのように大宣伝して党員と労働組合員を逮捕しました。

こうした日本共産党撃滅作戦をいかにして打ち破り、いかにして日本の真の独立をかちとるか。このことが当時の党の大きな課題でした。

ところが当時の党は大きな弱点を抱えていました。

一つは、戦後の新しい情勢のもとでの、革命の明確な戦略方針を持てなかったことです。とくに、日本がアメリカの占領下に置かれたという新しい大問題が生まれたのに、それを革命の戦略問題としてとらえられないという弱点がありました。

もう一つは、当時の党組織の問題であります。戦前の弾圧によって多くのすぐれた幹部を

失ったことともあいまって、当時の党の指導体制には欠陥がありました。徳田球一書記長のもと、党内民主主義と集団指導がおろそかにされ、のちに「家父長制」と呼ばれた、粗野で個人中心の指導、批判を抑圧する専断的傾向、自らの腹心による派閥主義が横行していました。

こうした党の弱点が噴き出したのが一九五〇年でした。

スターリンによる無法な干渉と「五〇年問題」

マッカーサーの弾圧を利用し、党の分裂を強行する一大暴挙が行われた

一九五〇年、わが党の前進をより深刻な形で脅かす相手が、当時の党にとっては思いもかけないところから現れました。スターリンが支配するソ連による謀略的な干渉であります。干渉は、スターリンが自由自在にあやつっていたコミンフォルムの名で、五〇年一月、五一年八月の二度にわたって行われました。武装闘争路線を日本の運動におしつけることがその目的でした。

占領軍とマッカーサーは、スターリンによる干渉も利用して、一九五〇年六月六日、日本共産党に対し「民主主義的傾向を破壊」などのレッテルをはりつけ、事実上の非合法状態に置く指令を出しました。

ところが、この弾圧と正面からたたかうべき瞬間に、徳田球一と野坂参三らは、弾圧を逆に利用して、中央委員会を解体し、党組織の全国的分裂を強行するという一大暴挙を行いまし

た。まもなく中国・北京に亡命した徳田・野坂分派から、武装闘争の方針が流し込まれました。一九五一年、スターリンは分派の幹部をモスクワに呼びよせ、自ら筆を入れた「日本共産党の当面の要求――あたらしい綱領」なる文書――これは党の正規の「綱領」と呼べるものでなく今日では「五一年文書」と呼んでいます――をつくり、徳田・野坂らは、この文書を受けて分派の会議を開き、武装闘争をもちこむ「方針」を確認しました。

干渉によって、党の受けた打撃は甚大でした。四九年に三五人をかぞえた党の衆議院議員は、五二年の総選挙ではゼロに落ち込みました。

スターリンの干渉の真の狙いはどこにあったか――『百年』史の新しい記述

それでは、スターリンの干渉の真の狙いはどこにあったか。『百年』史は、不破哲三さんの研究『スターリン秘史』をふまえて、次のような新しい記述を行っています。
「当時、スターリンは、東ヨーロッパ諸国への支配を安定させるために、アメリカをアジアでおこす戦争に引きだし、ヨーロッパでの直接的な軍事対決をさけようとしていました。その戦略の具体化が、北朝鮮による武力『南進』でした。……スターリンは、アジアで戦端がひらかれれば日本が米軍の後方基地になると考え、党と運動をかれの支配下におこうとはかりました」(『日本共産党の百年』新日本出版社、九七ページ)
東ヨーロッパ諸国への覇権主義的支配を安定させるために、アメリカをアジアで起こす戦争に引きだす、そのために朝鮮戦争を引き起こし、日本の運動に対しては武装闘争をおしつけて後方での攪乱《かくらん》・妨害活動にあたらせる――これがスターリンの干渉の目的だったのです。東ヨーロッパでの自分の「勢力圏」の確保のためには、他国の党や運動がどんな被害をうけてもかまわないというスターリンの恐るべき覇権主義が、無法な干渉の根本にあったのであります。

「六全協」から第七回大会、第八回大会まで――苦闘をへてつかんだ未来ある路線

惨憺たる現実から出発して未来ある進路を見つけだす、文字通りの開拓の時期

党の分裂と武装闘争のおしつけに反対してたたかった宮本顕治さんは、後年、一九五一年八月のコミンフォルムの二度目の干渉のさいに、「不当な干渉」への「批判と憤懣《ふんまん》」を強く感じたと語っています。

宮本さんのこの認識が全党の認識になるまでには、その後、六年の歳月を要しました。さらに党が綱領路線を確立するためには、一〇年の歳月を要しました。この時期は、惨憺《さんたん》たる現実から出発して未来ある進路を見つけ出す、文字通りの開拓の時期となりました。

一九五五年七月、「第六回全国協議会」（「六全協」）と呼ばれた会議が開かれます。これは党を分裂させた側が外国の党との相談のうえで準備した不正常な会議でした。「五一年文書」を「完全に正しい」としたことも大きな問題でした。同時に、宮本顕治さんなど第六回大会選出の中央委員も参加して開かれた会議として、党の統一の回復と「五〇年問題」の解決にいたる

過程で、過渡的な意義をもつものでした。「極左冒険主義」――武装闘争の路線や派閥的な党指導の誤りが指摘されたことも、前向きの一歩でした。

「党史上のきわめて重要な時期」――危機と混沌から未来ある路線が

『百年』史は、「六全協」から、一九五八年七～八月の第七回大会にむかう時期を、「党史上のきわめて重要な時期」と位置づけ、立ち入った叙述を行っています。

不破哲三さんの回想によれば、「六全協」でそれまで「方針」とされてきたことの誤りが指摘されたことは、多くの党員にとって絶大な衝撃だったといいます。多少おかしいと感じても、歯をくいしばって頑張ってきた党員がたくさんいた。ところが、それが根本的な誤りだった。しかも党の指導部を名乗っていたものが、正規の党中央でなく、分派にすぎなかった。こういう真実がわかってくるもとで、さまざまな混乱、混迷が起きたといいます。どこで間違えたのか、どういう道を歩むべきか、その全体の解明ぬきに心からの団結はつくれません。そのための真剣な議論が続きました。「六全協」から第七回党大会に向かう時期は、危機と混沌《こんとん》ともいうべき状態から、未来ある新しい路線が立ち現れてきた時期となったのであります。

まずとりくまれたのが「五〇年問題」の総括でした。五六年一月、第四回中央委員会総会(「六全協」)は、「党の統一と団結のための歴史上の教訓として」という文書を採択します。この決定は、五〇年の党の分裂の問題を、「事実問題として、また理論問題として正しく詳細に分析するには、なお十分な研究と相当な時日が必要である」としつつ、総括の出発点となる事柄を指摘しました。

続いて、同時並行的に開始されたのが、綱領路線の確立に向けた議論でした。五六年六月、第七回中央委員会総会は、「独立、民主主義のための解放闘争途上の若干の問題について」という文書を採択し、日本をふくむ一連の国ぐにでは、「議会を通じて、平和的に革命を行うことが可能となった」と明記するとともに、分派による武装闘争方針の土台となった文書――「五一年文書」を日本の現状に「適合しない」ときっぱり否定し、綱領改定の全党討論の必要性を認めました。こうして、この決議の採択を契機として、綱領討議が正式に始まりました。私は、昨年（二〇二二年）の記念講演で、「武装闘争方針の否定こそが六一年綱領を確立する出発点だった」とのべましたが、この事実を重ねて強調しておきたいと思います。今日の綱領は、武装闘争方針が間違っていると、ここから出発したわけでありますから、公安調査庁が何十年にわたって不当な調査をいくらやっても、「暴力革命の証拠」などというのは、どこをさがしてもみつからないことは、はなから明らかではないでしょうか。

こうして「五〇年問題」の総括と、綱領路線の確立に向けた努力が、同時並行で、粘り強くとりくまれました。

その成果は、一九五七年秋に相次いで明らかにされました。五七年九月に開かれた第一四回拡大中央委員会総会は、「日本共産党党章」――綱領と規約を一つの文書にまとめた文書の「草案」を発表しました。

直後の五七年一〇月に開かれた第一五回拡大中央委員会総会は、総括文書「五〇年問題について」を全員一致で採択しました。総括文書が、コミンフォルムの干渉への批判を明記したことは、とりわけ重要な意義をもつものでした。二年に及ぶ議論の結論として、総括文書が全員一致で採択されたことは驚くべきことです。『百年』史は次のようにのべています。

「総括文書が、全員一致で採択されたことは、『五〇年問題』の苦難をへて、自主独立の立場が、一部のものにかぎられたものでないことをしめしました。それがどれだけ自覚的につかまれたかは、個々に相違はありました。しかし、党の問題に他国の干渉はゆるさないという立場、相手がいかなる大国の党であれ、干渉の誤りを堂々と指摘する立場は、統一を回復した日本共産党の、くつがえすわけにはゆかない立場となったのでした」（『日本共産党の百年』新日本出版社、一一七ページ）

六一年綱領確立へ――徹底した民主的討論、歴史的闘争、党勢倍加をへて

こうして「五〇年問題」の総括はやりとげたわけですが、綱領路線の確立のための全党討論はそれからが本番でした。

党は、特別の討論誌『団結と前進』を一九五七年一〇月から五八年七月まで五回発行し、「草案」の全党討議を進めていきました。『団結と前進』には、「草案」をめぐって六二の論文が掲載されましたが、基本的に賛成が二四、基本的に反対が二九、修正意見八、賛否不明一と、反対意見にも十分に発言の機会が保障されました。実際には賛成意見が多数だったのですが、反対意見が多数掲載されたのです。

　一九五八年七～八月に開催された第七回大会は、大会として「五〇年問題」の総括を行い、党の統一と団結を正式に回復しました。自主独立――相手がどんな大国でも言いなりにならず日本の進路は自分で決めるという路線が、全党の意思として確立したのであります。「党章（草案）」の綱領部分は、大会で長時間討論され、代議員の多数は「草案」に賛成でしたが、反対意見も出されるもとで、大会は綱領を多数決で決めず、引き続き討議することになりました。

　党大会の決定にもとづいて五八年八月、中央に綱領問題小委員会が設置されました。この委員会は、一九六一年の第八回大会までに実に二九回開かれています。発言は徹底的に保障され、足かけ四年半、論点は出しつくされ、掘り下げつくされました。

61年綱領の草案に関する討論誌『団結と前進』

　この時期、党は、多くの民主団体とともに、日米安保条約改定反対の大闘争、三池闘争という二つの歴史的闘争にとりくみました。また、五九年八月に開かれた中央委員会総会で党勢倍加運動を提唱し、「党を拡大強化するために全党の同志におくる手紙」をおくり、翌年六月末には九割の支部から「返事」が寄せられ、二年におよぶ大奮闘で、党勢倍加を全党の力でなしとげていきました。

　こうした努力は巨大な実を結びました。一九六一年七月に開催された第八回大会で、ついに綱領は全員一致で採択されました。こうして党は、国民多数の合意で異常な「アメリカ言いなり」「財界中心」の政治を根本からただす民主主義革命を行い、さらに国民多数の合意で社会主義に進むという大方針をうちたてたのであります。

スターリンによる干渉の全貌が明らかになるのはソ連崩壊後のことでした。当時の限られた条件のもとで、徹底した民主的討論を通じて、「五〇年問題」という党史上最大の悲劇の真相を突き止め、それを「未来への光ある序曲」に転じ、自主独立と綱領路線を打ち立てるという大事業をなしとげた先人たちの勇気と理性に、私は、心からの敬意の気持ちをささげたいと思うのであります。

日本共産党綱領を全員一致で採択した第8回党大会（1961年）

そして、この試練をへて、党の統一と団結を守ることがいかに大切か、その党の生死にかかわる重要性が明らかになり、集団的指導を重視し、党内民主主義を大切にするとともに、党規約をやぶる分派主義・派閥主義を許さない――民主集中制の原則が全党の血肉となったことも、今日に生かすべききわめて重要な教訓であることを強調したいと思うのであります。

三　綱領路線の確立以後（一）――一九六〇～七〇年代

『百年』史・第三章「綱領路線の確立以後（一）――一九六〇～七〇年代」に進みます。

日本の政治史は、日本共産党が六一年綱領を確定した一九六〇年代以降、アメリカ従属、財界・大企業中心の自民党政治と、「国民が主人公」の民主主義日本をめざす日本共産党の二つの流れの対決を軸に展開してきました。

正確な綱領路線を確立すれば、一路前進というわけにはいきません。六一年綱領確定後の六〇年余に、日本共産党は三回にわたって国政選挙での躍進を記録していますが、そのたびに支配勢力は集中的な反共攻撃と政界の反動的再編でこたえ、それとのたたかいで党は鍛えられ、成長していく――「政治対決の弁証法」というべき曲折にとんだたたかいとなりました。

綱領路線にもとづく各分野での開拓的な努力

革新勢力の共同行動と革新都政の誕生、政策活動と住民運動の発展

『百年』史は、一九六〇年代、党が綱領路線にもとづいて各分野で開拓的な努力を開始した

ことを叙述しています。

党は、安保闘争の経験を重視し、革新勢力の共同行動と統一戦線の発展に力をそそぎました。六七年に、社会党と東京都知事選の「政策協定」「組織協定」を結び、「明るい革新都政をつくる会」の活動を広げ、革新統一候補の勝利をかちとったことは、革新自治体を全国に広げる大きな契機ともなりました。

党は、この時期に、政策活動の発展をかちとりました。政策とは、国民の切実な要求から出発して党としての解決策を示すものであり、国民の要求と綱領を媒介するものだと定式化し、今日に生きる政策活動の豊かな発展の土台を築きました。それは老人医療無料化、公害反対などの住民運動の力ともなり、多くの成果をあげました。国際法の道理にたった外交政策の発展を探求し、安保条約第一〇条にもとづく安保廃棄の道を明らかにし、千島問題を抜本的に解決するための政策提起などを、行っていきました。

ソ連核実験に対する対応の誤りと、「核抑止力」論批判に至る過程を明らかに

『百年』史は、核兵器問題にかかわる当時の党の対応の誤りと、それを是正し、先駆的立場を確立していった歴史についても新たに明記しています。

戦後、党は、核戦争阻止、核兵器全面禁止・廃絶、被爆者の援護・連帯を、核兵器問題に対する基本姿勢として一貫して堅持して奮闘してきました。

同時に、党が、一九六一年、ソ連が再開した核実験を、アメリカの核脅迫に対抗して余儀な

くされた防衛的なものとみなす態度表明を行ったことについて、『百年』史は、「党として、核兵器使用の脅迫によって国の安全を確保するという『核抑止力』論にたいする批判的認識が明瞭でなく、ソ連覇権主義にたいする全面的な批判的認識を確立していないもとでの誤った見方」だったとの反省を表明しています。

さらに、党は、一九七三年、この見方をあらため、アメリカを戦後の核軍拡競争の起動力として厳しく批判するとともに、ソ連や中国の核実験も際限のない核兵器開発競争の悪循環の一部にならざるをえないものとなっているという評価を明確にしましたが、『百年』史では、「七三年の態度表明には、六〇年代に党がとったソ連や中国の核実験にたいする態度は『誤っていなかった』とする限界」があったことも表明しました。

それでは党はいつこの限界を乗り越え、「核抑止力」論に対する明確な批判的立場を確立したのか。これが重要な問題となってきます。『百年』史では、一九八一年に党が発表した論文「真の平和綱領のために」のなかで、「核抑止力」論を「もっとも危険な集団的誤謬《ごびゅう》」ときびしく批判した国連事務総長の報告に「全面的に同意する」とのべていることを強調しています。

今日、日本共産党は、「核抑止力」論に対する、最もきびしい批判者となっていますが、私は『百年』史が、この立場の確立にいたる過程を自己分析的に明らかにしたことは、核兵器廃絶を求める運動の団結と発展にとって意義あるものと考えるものです。

二つの覇権主義による干渉――「打ち破っただけでなく、より強くなって現れた」

イタリア有力紙の記者時代に各国共産党を担当したジャーナリストの評価

六一年綱領のもとで党が政治革新のたたかいにとりくんでいるさなかの一九六四年、ソ連から、「ソ連の外交政策に追随せよ」との激しい干渉が開始されます。スターリンはもう死んでいましたが、その後継者に覇権主義のDNAがしっかりと継承されていたのです。つづいて、一九六六年、中国・毛沢東派から、「武装闘争の方針をとれ」との激しい干渉が開始されます。

この干渉の動機は、五〇年代の干渉とは異なるものでした。五〇年代の干渉の動機というのは、スターリンの覇権主義的な目的に日本の党と運動を利用するというものでした。六〇年代の干渉というのは、動機がちがうんです。すなわち「自主独立」の立場を確立した日本共産党の存在を恐れ、つぶしたい――ここに干渉者たちの動機がありました。それだけに、二つの干渉は、そのどちらもが国の総力をあげ、日本にニセの「共産党」をつくり、日本共産党を転覆させようという一大干渉作戦となりましたが、党は、二つの覇権主義の攻撃と正面からたたかい、それを打ち破っていきました。

先日、イタリアの有力紙の記者時代に各国の共産党を担当したジャーナリスト、エンニョ・アマート氏が、旧知の緒方靖夫副委員長に、『日本共産党の百年』史にかかわって、次のような評価を伝えてきてくれました。紹介したいと思います。

「長い間、各国の共産党、共産主義運動を見てきた経験の中で、日本共産党についてまず思うのは、当時の共産党の〝慣習〟に反して、ソ連、中国の二つともに、誤りを誤りとする信念で対応した稀有《けう》な共産党だということです。

この二つの大国の共産党は、自分に盾突く面倒な党は打倒して、〝操り人形〟の党をつくろうとしました。ソ連共産党は、日本に対して『できる』と踏んで、ヨーロッパのいくつかの党には事前に内密に、〝間もなく日本に新生共産党〟――ソ連言いなりの〝操り人形〟の党（引用者）――が誕生すると通知しました。

しかし、日本共産党は、クリアな理論、立ち向かう気概、財政力を含め強い党勢で、これを打ち破っただけでなく、より強くなって現れ、日本国民の党であることを示しました。二つの大国の共産党からの攻撃を同時に相次いで受けた党も、打ち破った党も、世界に存在しません。ソ連はつぶれたので今後も目にすることはありません。

当時、自分にはヨーロッパ中心の偏見があり、正直、必ずしも理解していませんでしたが、時をへた今日、日本共産党は最も複雑で困難な時代にあって強力な独立心を持つ党として、世界の運動に見事な一ページを刻んだと思います」

こういう評価を寄せてくださいました。

無法な干渉とたたかい、自らを鍛え、成長させていった「たたかいの弁証法」

アマート氏が寄せてくれた評価は、たいへんうれしく、全体としてきわめて的確なものですが、彼が、日本共産党が干渉を「打ち破っただけでなく、より強くなって現れた」とのべているることは、事の本質を深くとらえたものであります。二つの覇権主義との闘争をつうじて日本共産党が、鍛えられ、より強くなったことを、私は強調したいと思います。

第一に、自主独立の立場が、文字通り全党の血肉となりました。全党の同志たちが、二つの覇権主義を根底から批判した党中央の一連の長大な論文を必死で学び、討論し、草の根から干渉攻撃を打ち破るたたかいにたちあがりました。

第二に、党は、理論的にも大きな成長・発展をきずいていきました。『百年』史は、アメリカの世界戦略を「各個撃破政策」と特徴づけた帝国主義論の発展、「議会の多数を得ての革命」というマルクス、エンゲルス本来の革命論の発展、将来にわたって複数政党制を擁護するなど社会主義の政治体制論の発展などをあげています。

第三に、党は、組織的にも強くなっていきました。党は、国内の闘争と、二つの覇権主義との闘争を通じて国民の信頼を高め、六〇年代を通じて党員を三倍以上、「赤旗」読者を五倍以上に増やしました。自前の財政力も強めました。アマート氏が、日本共産党について、「財政力を含め強い党勢」で攻撃を打ち破ったとのべているのは、ヨーロッパの多くの諸党がソ連の資金に依存していたこととの対比で、外国の資金と一切無縁だったわが党の力を見たのだと思います。

みなさん。ここにも、無法な干渉攻撃とのたたかいをつうじて、自らを鍛え、成長させていった、「たたかいの弁証法」が見事にあらわれているではありませんか。

1972年の第33回衆議院選挙の当選者名にバラをつける不破哲三書記局長（当時）

日本共産党の大躍進は、日本の政界を一変させた

日本共産党は、一九六〇年代末～七〇年代にかけて、六一年綱領確定後の「第一の躍進」をかちとっていきます。六九年一二月の総選挙での一四議席への躍進、七二年の総選挙での三九議席への躍進は、日本の政界を一変させました。「料亭政治」「なれあい政治」と呼ばれた国会の様相が様変わりし、国会は新たな活力を発揮していきます。革新自治体が全国に広がり、最大時には、日本の人口の四三パーセントが革新自治体のもとで暮らしました。

一九七三年の第一二回党大会が採択した「民主連合政府綱領についての日本共産党の提案」は、大反響を呼び、提案を収録したパンフレットは百数十万冊普及され、他の野党も競い合って「連合政権」構想を提唱する状況が生まれました。私が入党した七三年当時、東京大学の新入生を対象にしたアンケート調査で、政党支持率第一党は日本共産党だったことを鮮明に思い出します。大学のキャンパスには共産党の風がビュンビュン吹いていた。党が打ち出した「七〇年代の遅くない時期に民主連合政府を」というスローガンに、私も仲間たちとともに胸をときめかせたことを思い出します。

一大反共作戦と、それを打ち破り、成長・発展をかちとった全党の奮闘

日本共産党の躍進は支配勢力を震撼《しんかん》させました。体制的な危機感を感じた支配勢力は、〝共産党抑え込み〟を狙った一大反共作戦を発動します。

七〇年代前半から「暴力と独裁の党」という反共キャンペーンを開始し、七六年一月、民社党委員長が、国会の演壇から異様な反共攻撃を行います。同時期から『文藝春秋』誌が二年にわたって党攻撃の連載を掲載します。その内容は、戦前の治安維持法と特高警察の権力犯罪を肯定する「特高史観」の立場から、治安維持法違反事件を使って、日本共産党と宮本顕治委員長（当時）を中傷するというものでした。わが党の組織原則である民主集中制に対して、「本質は独裁制」だとして攻撃を集中したことも特徴でした。

わが党は、国会論戦、ビラ、パンフレット、七五万部を普及した『文化評論』特集号などで、この攻撃に徹底的に反論を加えるとともに、戦前の党の誇るべき姿を明らかにしていきました。攻撃者は最後には沈黙でこたえ、論戦は完全に決着をみました。

さらに党は、政治的な攻勢に出ました。反共攻撃が行われているさなかの一九七六年四月、党は、ロッキード事件の追及に向けた五党党首会談、衆院議長裁定への道筋をつける大きな役割を果たすなど、攻勢的な活動を展開し、政局をリードしました。革新勢力の共同の前進に力をつくし、七六年から七八年にかけて三度にわたって、日本共産党と社会党の党首間で、革新統一戦線の結集をめざす合意がかわされました。

党は、理論的にも成長と発展をかちとりました。とりわけ一九七六年七月の第一三回臨時大会で採択された「自由と民主主義の宣言」は、科学的社会主義の立場をふまえた自由と民主主義についての包括的な宣言として、国内外に反響を広げました。

こうした一連の奮闘によって反共キャンペーンは根底から打ち破られました。支配勢力は党の躍進を抑え込むことができず、党は、七九年の総選挙で、四一議席と史上最高の議席を獲得しました。この根本には、党建設の前進がありました。党は七〇年代を通じて党勢拡大をさらに前進させ、七九年末に党員は四〇万人をこえ、「赤旗」読者は三〇九万人に達しました。

徹底的な反撃、政治的な攻勢、理論的な成長・発展、そして党建設の前進によって、反共キャンペーンを打ち破った七〇年代の全党の奮闘に学び、今日に生かすことを、私は強く訴えたいと思います。

一九七九年の総選挙での党の頑張りは、〝共産党抑え込み〟を狙った支配勢力にとって手痛い打撃でした。共産党封じ込めのためには、反共キャンペーンだけでは足りない、共産党を孤立させる政界の反動的再編が必要だ——こう考えた支配勢力は、社会党を反共の側に取り込む政界工作に力を注いでいきました。

四　綱領路線の確立以後（二）――一九八〇～九〇年代

『百年』史・第四章「綱領路線の確立以後（二）――一九八〇～九〇年代」に進みます。

この時期は、一九八〇年一月、社会党が公明党と、日本共産党排除、日米安保条約容認の「社公合意」を結び、日本共産党をのぞく「オール与党」体制がつくられ、日本共産党が自民党政治に対する唯一の革新的対決者となるという政治の大変動のもとで始まりました。

ここから出発し、十数年のたたかいをへて、一九九〇年代の後半、党は、六一年綱領確定後の「第二の躍進」をかちとり、躍進の峰は党史上最高を記録しました。この時代を大きく振り返ってみますと、九〇年代後半の党史上最高の峰への躍進は、つぎの三つの試練に立ち向かい、それを克服して、党の成長・発展をめざした全党の奮闘の結果だったといえます。

第一の試練――日本共産党をのぞく「オール与党」体制とのたたかい

「無党派の人々との共同」――革新懇運動の四二年間のかけがえない役割

第一の試練は、日本共産党をのぞく「オール与党」体制とのたたかいであります。「オール与党」体制は、党の前進に大きな困難をもたらしました。一九八〇年代、党は国政選挙で「一進一退」を余儀なくされました。革新自治体はつぎつぎに壊され、地方政治でも「オール与党」体制がつくられていきました。共産党排除は、国民運動の統一と発展にとっても重大な障害をつくりだしました。

しかし党はこの一大逆流に屈することなく、一九八〇年二月の第一五回大会で「無党派の人々との共同」という、まったく新しい統一戦線運動の開拓を呼びかけました。翌年の八一年五月、平和・民主主義・生活向上の「三つの共同目標」を掲げ、全国革新懇が結成されました。

革新懇運動は、その後、あらゆる分野で国民の共同を広げるかけがえないよりどころとなり、二〇一〇年代後半の「市民と野党の共闘」を生みだす土台ともなっていきました。二〇二一年五月、革新懇結成四〇年にあたって、総がかり行動実行委員会共同代表・市民連合運営委員の高田健さんが、次のような温かい祝辞を寄せてくださったことは忘れられません。

「四〇年前、日本の政治変革をめざすための共同行動は極めて困難な状況にありました。そのなかでも革新懇のみなさんは運動の共同を実現するための努力をあきらめず、粘り強く活動を続けてこられました。その努力は二〇一四年、一五年の『戦争法』に反対する全国的な運動の中で大きく実り、総がかり行動実行委員会や市民連合の誕生につながりました」

私は、この四二年間、中央で、地方で、そして全国の草の根で、革新懇運動を支えてくださったすべての方々に、心からの敬意と感謝を申し上げるとともに、この未来ある運動の発展のために引き続き全力をつくす決意を表明するものであります。

新自由主義、軍事同盟強化、消費税導入――「地殻変動」かといわれた一大激動が

私がここで強調したいのは、「オール与党」体制によって苦しめられたのは日本共産党だけではない、その最大の被害者は国民だった、ということです。

この時期、自民党は、暮らしと平和を壊す暴走を開始し、あらゆる分野で矛盾が蓄積していきました。今日につながる暴走政治が始まったのはこの時です。日本共産党は暴走に対する唯一の対決者として粘り強い奮闘を続けました。『百年』史は、その攻防を掘り下げて明らかにしています。

臨調「行革」の名で新自由主義――多国籍大企業の利益を最大にするために、暮らしを守る規制を取り払い、公共サービスを切り捨てる弱肉強食の経済政策が、日本に持ち込まれました。それはまず社会保障削減や国鉄など公共部門の民営化にあらわれ、ついで労働法制の規制緩和が行われ、国民生活に破壊的影響を及ぼしました。

日米軍事同盟の侵略的強化が、新たな段階に進みます。日米安保条約の問題は、七〇年代までは日本の米軍基地をベトナム戦争などに使うことが問題の中心でしたが、八〇年代に入るとソ連との軍事対決のさいに日本の軍事力をいかに利用するかという新しい問題が前面に出てきます。中曽根内閣がとなえた日本列島「不沈空母」作戦――ソ連の長距離爆撃機を日本列島で

くいとめ、米艦隊とシーレーンを防衛する作戦などはその典型でした。

八〇年代後半は、消費税導入をめぐって自民党・「オール与党」との激しいせめぎあいがつづきました。八七年四月、売上税法案が廃案になったさいの衆院議長の「あっせん案」を他党が受け入れるなかで、わが党は、「あっせん案」のなかに「直間比率の見直し」が明記され、新大型間接税導入の火種を残していることを見抜き、断固これを拒否しました。そして消費税反対の国民的たたかいの先頭にたって大奮闘しました。

八九年四月、消費税導入が強行されましたが、「日本列島騒然」といわれた国民の怒りが沸騰しました。こうしたなかでたたかわれた一連の知事選、市長選で、政党としては日本共産党だけが推薦する革新候補が、「オール与党」候補と対決して、四〇パーセント以上の得票を獲得し、マスコミからも「地殻変動」かといわれた一大激動が起こりました。

こうして党の奮闘は、「オール与党」体制を、破綻へと追い込んでいきます。「オール与党」体制は一見強いようですが、この体制の全体が矛盾を深め、行き詰まった場合には、それに代わる「受け皿」は日本共産党しかなくなります。日本共産党包囲の体制をつくったつもりだったのに、反対に自民党政治が国民に包囲され、日本共産党躍進の予兆が生まれるという結果となっていったのであります。

第二の試練――東欧・ソ連崩壊を利用した「社会主義崩壊」論とのたたかい

第一九回大会、第二〇回大会での旧ソ連社会論の解明

残念ながらこの時の「地殻変動」の予兆は、現実のものとなりませんでした。〃共産党は躍進必至〃ともいわれていた一九八九年六月、突然引き起こされた中国・天安門事件――民主化を求めた学生・市民への血の弾圧、それを利用した激しい反共攻撃は、情勢を暗転させました。さらに、その直後から進行した東欧・ソ連の旧体制の崩壊を利用した反共キャンペーンが吹き荒れました。わが党は、これらの一連の出来事を利用した「社会主義崩壊」論とのたたかいという、第二の試練に直面することになりました。

わが党は、この試練に正面から立ち向かい、それを乗り越えていきました。一九九〇年七月の第一九回大会で、社会主義を「学説」「運動」「体制」の三つの見地に区別してつかむ意義を明らかにし、レーニン死後、「ソ連の体制は対外的には大国主義・覇権主義、国内的には官僚主義・命令主義を特徴とする政治・経済体制」に変質したと解明したこと、続く九四年七月の第二〇回大会で、崩壊したソ連は「経済制度としても社会主義

ソ連共産党の解体を「歴史的巨悪の党の終焉」として歓迎した常任幹部会の声明（1991年）

とは無縁であった」ことを明らかにしたことは、「社会主義崩壊」論を攻勢的に打ち破っていくうえで大きな力を発揮しました。

ソ連共産党解体を歓迎し、未来への大局的展望を語った、世界で唯一の党

一九九一年八月のソ連共産党解体にさいして、党は九月一日、常任幹部会声明「大国主義・覇権主義の歴史的巨悪の党の終焉《しゅうえん》を歓迎する」を発表し、この党の解体を「もろ手をあげて歓迎」すると表明し、「世界の平和と社会進歩にとっても、日本共産党にとっても、巨大なプラスをもたらすもの」との大局的展望を示しました。

わが党の声明を、フランス国営テレビは注目して報じました。世界広しといえども、このような声明を発表した党は、他に一つもありません。

世界の党の多くが、ソ連崩壊に直面して茫然自失、混迷と方向喪失に陥るなかで、わが党がこの出来事を積極的にとらえ、未来への大局的展望を語ることができたのは、「五〇年問題」、一九六〇年代の干渉とのたたかい以来の、覇権主義との全党の生死をかけたたたかいの結果だったことを、私は強調したいのであります。

ソ連崩壊にさいして、「巨大なプラス」と未来への大局的な展望を示したわが党の態度は、日本軍国主義の敗戦直後に、それを歓迎し、「歌声よ、おこれ」といち早く呼びかけた歴史を想起させるものではありませんか。

国政選挙で、わが党は、一九八九年七月の参院選では五議席、九〇年二月の総選挙では一六

議席に後退しましたが、九二年七月の参院選では六議席を獲得するという健闘の結果を得ました。国内外に荒れ狂った「社会主義崩壊」論も、わが党を押しつぶすことはできませんでした。覇権主義とのたたかいの歴史を踏まえた全党の不屈の奮闘によって、党はこの試練を立派に乗り越えたのであります。

第三の試練——「自民か、非自民か」の反共作戦と、日本共産党の「第二の躍進」

「非自民政権」から「自社さ政権」へ——バブル経済破綻の矛盾が噴き出す

次の試練はすぐにやってきます。

第三の試練は、「自民か、非自民か」の偽りの対決構図をおしつけ、日本共産党を「カヤの外」に排除する新たな反共作戦とのたたかいであります。

支配勢力は、「オール与党」体制が抱えるもろさと危うさに直面し、新たな〝共産党封じ込め〟の戦略が必要だと考えるようになります。一方、自民党政治そのものは、底知れないゼネコン汚職の泥沼に落ち込み、国民の怨嗟《えんさ》の声に包まれます。

こうしたもと、財界を先頭に支配勢力が展開したのが、「自民か、非自民か」の「政権選択」が最大の争点であるかのように国民におしつける作戦でした。この作戦は、日本共産党を選択肢の外に排除する新たな反共作戦でした。

一九九三年七月の総選挙は、私が書記局長としてたたかった初めての総選挙でしたが、大逆風の選挙でした。下りのエスカレーターを逆に駆け上がっているような、がんばっても、がんばっても、なかなか前に進まない、そういう気持ちをあじわった選挙でした。テレビの討論番組に出演しても「共産党はカヤの外では」との質問が出される。討論会もわが党の発言を抑える不公平な運営が少なくなかったことを思い出します。わが党は、偽りの対決構図を正面から批判し、政治の中身を変えることこそ必要だという正論を貫いて奮闘しました。私自身は地元のみなさんの大奮闘と全国のみなさんの支援で辛《から》くも初議席をえましたが、党が一五議席に後退したことは悔しい結果でした。

総選挙の結果、「非自民政権」が誕生し、自民党との談合で、小選挙区制・政党助成金制度の導入という一大汚点を日本の政治史に刻みます。しかし、「非自民政権」は、八つの政党・会派による、にわか作りの寄せ集めだったために、ほどなく自壊していきます。

代わって登場したのが、自民、社会、さきがけの三党連立政権でした。この政権のもとで自民党政治のさまざまな矛盾が噴き出しますが、なかでも深刻だったのは、バブル経済の破綻、その〝後始末〟、長期不況という問題でした。

まず一九九六年に、矛盾の熱い焦点となったのが、住宅金融専門会社（住専）の不良債権処理のための税金投入問題でした。党は、住専の破綻の責任は、バブル経済で巨額の利益をあげた大銀行にあること、住専の破綻処理は大銀行の責任で行うべきだと主張して、議員団あげての大論戦を行いました。この論戦は大反響を呼びました。大銀行・大企業優遇政治の核心をつくたたかいを展開したのは日本共産党だけでしたが、それは綱領路線の真価を示すものでし

1998年の参議院選挙、新宿駅西口で日本共産党の訴えを聞く3万2000人の人々

た。そのことを論戦の渦中で強く実感したことを思い出します。

三つの試練を乗り越えてかちとった「第二の躍進」――党建設での反省点も

政党の離合集散のなかで一貫して筋を貫く党への信頼が広がり、新たな躍進の波が起こりました。一九九六年一〇月の総選挙で、党は二六議席に躍進、七二六万票を獲得しました。さらに九八年の参院選で、党は一五議席、八二〇万票を獲得する躍進をかちとり、史上最高の峰をつくりました。日本共産党の「第二の躍進」であります。

この躍進は、一九八〇年以降に党が直面した三つの試練――「オール与党」体制、「社会主義崩壊」論、「自民か、非自民か」作戦を、全党の奮闘によって乗り越えた結果のものであったことを、私は、この複雑で困難な時期に奮闘された先輩同志のみなさん、ともにたたかった全国の仲間のみなさんへの、心からの敬意と連帯を込めて強調したいと思います。

同時に、反省点があります。この躍進には党の実力がともなっていませんでした。『百年』史が率直にのべているように、一九八〇年代から九〇年代にかけての時期は、国内での反動攻勢、旧東欧・ソ連の崩壊という世界的激動と反共の逆風という条件が、党勢拡大に重大な困難をもたらし、「赤旗」読者数は八〇年をピークに減少傾向をたどりました。党員数も九〇年代を通じて後退傾向が続きました。この時期の党建設の方針に党員拡大を事実上後景においやる弱点が生まれたことも、のちに是正されましたが大きな反省点であります。党は、「第二の躍進」を力に、この弱点を克服するとりくみに全力をあげましたが、わが党は新たな試練に直面することになります。

五　綱領路線の確立以後（三）――二〇〇〇年代～今日

『百年』史・第五章「綱領路線の確立以後（三）――二〇〇〇年代～今日」に進みます。

日本共産党の「第二の躍進」に恐れをいだいた支配勢力がまずやったことは、二〇〇〇年六月の総選挙での大規模な謀略的反共キャンペーンでした。出所不明の謀略ビラが大規模に配布され、私も選挙で訴えておりまして、街の空気が急速に冷え込んだことを思い出します。

続いて、〇三年一一月の総選挙を一大契機として、財界が本格的に主導して「二大政党づくり」にのりだし、「自民か、民主か」の「政権選択選挙」を国民におしつけました。党を選択肢の外に排除するこの反共戦略は、党にとって六一年綱領確定後、最大・最悪の逆風として作用し、党は、国政選挙で苦戦の連続を強いられました。二〇〇〇年から二〇一二年までの一二年間に、党は九回の国政選挙をたたかいましたが、一度も勝利を手にできず苦戦が続きました。まさに〝試練の一二年間〟となりました。

しかし党は、この大逆流に対して、結束して不屈に立ち向かい、成長と発展のための努力を重ねていきました。それはやがて二〇一〇年代中頃の日本共産党の「第三の躍進」につながり、党は、躍進した力を背景に「市民と野党の共闘」という党史上でも初めての挑戦にのりだすことになります。

〝試練の一二年間〟に全党がとりくんだ成長と発展のための努力

〝試練の一二年間〟に、全国のみなさんが力をあわせてとりくんだ成長と発展のための努力として、私は、五つの点をあげたいと思います。

全党の英知を総結集し、党綱領と規約を二一世紀にふさわしい内容へと改定した

第一は、全党の英知を総結集して、党綱領と規約を二一世紀にふさわしい内容へと、抜本的に改定したことであります。

二〇〇〇年一一月に開かれた第二二回党大会で行った規約改定は、民主集中制の内容を分かりやすく定式化するとともに、党の組織と運営の民主主義的な性格をいっそう明確にし、今日とりくんでいる「双方向・循環型」の活動の大きな力となっていきました。

二〇〇四年一月に開かれた第二三回党大会で行った綱領改定は、綱領路線を大きく発展させる画期的な改定となりました。それは民主主義革命の理論と方針をより現実的かつ合理的に仕上げるとともに、二〇世紀に進行した人類史の巨大な変化の分析にたって、二一世紀の世界の発展的な展望をとらえるという新しい世界論を明らかにしました。さらに、わが党がめざす社会主義・共産主義の社会について、「人間の自由で全面的な発展」というマルクス、エンゲルスの未来社会論の真の輝きを発掘し、綱領の根幹にすえました。

綱領を一部改定した2020年の第28回大会

新しい綱領は、内外の情勢を主導的に切り開く豊かな生命力を発揮していきます。それはさらに、二〇二〇年一月に開かれた第二八回党大会で行った綱領一部改定によって発展させられ、「発達した資本主義国での社会変革は、社会主義・共産主義への大道」という命題が綱領に太く書き込まれ、この事業のもつ壮大な可能性がより豊かな形で明らかにされていきます。

大がかりな〝共産党抑え込み〟の攻撃のもとで、党が冷静に、科学的社会主義の精神を発揮して、党綱領路線の発展という一大事業をなしとげたことは本当に大きな意義があったと思います。

〝国民の苦難軽減〟という立党の精神に立ったとりくみをうまずたゆまず進める

第二は、〝国民の苦難軽減〟という立党の精神に立ったとりくみを、全国の草の根で、国民とともにうまずたゆまず進めたことであります。

この時期、自公政権によって新自由主義の暴走がいよいよひどくなります。社会保障削減、派遣労働拡大など、弱肉強食の政治が社会を覆いました。格差と貧困が拡大し、二〇〇八年のリーマン・ショックのさいには、大量の「派遣切り」が行われ、多くの労働者が路頭に放り出され、「派遣村」が現れました。アメリカのアフガニスタン報復戦争、イラク侵略戦争にさいして、自衛隊の海外派兵が強行され、憲法九条改定の動きが強まりました。わが党は、あらゆる問題で、暮らしと平和を壊す暴走に正面から立ちはだかり、国民の苦難軽減、平和と民主主義のために奮闘しました。

二〇一一年三月一一日に発生した東日本大震災、東京電力・福島第一原発事故にさいして、党は、被災地の救援・復興のために献身的に力をつくすとともに、原発政策を発展させ、「原発ゼロの日本」をめざす国民的共同の一翼を担って奮闘しました。

この時期の〝国民の苦難軽減〟のための党の奮闘は、さまざまな分野での「一点共闘」と呼ばれた国民的共同づくりにつながっていきました。さらにそれは、その後、「市民と野党の共闘」へとつながっていきます。

自公政治に代わる新しい政治を国民とともに探求する、という姿勢で奮闘する

第三は、自民党政治の衰退過程が進むもとで、党が、自公政治に代わる新しい政治は何かを国民とともに探求する、という姿勢で奮闘したことであります。

二〇〇七年の参院選で自公政治ノーの審判が下りました。このもとで、党は、〝自公政治ノーの審判は明瞭となったが、それに代わる新しい政治とは何かが明らかになったわけではない〟〝自公政治に代わる新しい政治の中身を探求する新しい時代が始まった〟と日本の情勢を分析し、「綱領を語り、日本の前途を語り合う大運動」を呼びかけました。二年間で、全国津々浦々で「集い」がとりくまれ、九〇万人が参加する空前の運動に発展しました。

二〇〇九年九月、民主党政権が誕生したさい、党は、当初は、「良いことには賛成、悪いことには反対、建設的提案を行う」という対応を行いました。まもなく民主党政権は、辺野古新基地建設問題、消費税増税問題、原発再稼働問題などで自民党と同じ立場に落ち込み、失敗に終わりますが、党が、新しい政治を探求する国民の気持ちに寄り添って、前向きの展望をともに見いだすという姿勢を貫いたことは、その後の党躍進につながっていきました。

新しい方針のもと、野党外交の本格的発展にとりくむ

第四は、野党外交の本格的発展にとりくんでいったことであります。

一九九九年に、党は外交方針を、従来の共産党間の交流から、より広い視野での交流へと発

核兵器禁止条約を採択した国連会議のエレン・ホワイト議長と握手する志位委員長（2017年7月7日）

展させました。この外交方針の発展が二〇〇〇年代に入って本格的な力を発揮しだしました。党は、この新しい方針のもと、韓国や米国への党首としては初めての訪問、二〇一〇年の核不拡散条約（ＮＰＴ）再検討会議への参加、アジア政党国際会議（ＩＣＡＰＰ）への参加、東南アジア諸国連合（ＡＳＥＡＮ）との交流などにとりくんでいきました。

　これらの新しい外交的努力は、核兵器廃絶をはじめとした人類的課題への貢献になるとともに、激動する世界の生きた姿に直接接することで党の認識を豊かにし、その後、東アジアに平和をつくる「外交ビジョン」の提唱など党の外交政策を発展させ、党綱領の世界論を発展させるうえでの大きな力となっていきました。二〇一七年七月の核兵器禁止条約の成立にさいして、わが党代表団が被爆者や市民団体のみなさんとともに国連会議に参加し、公式の発言を行い、この歴史的条約の誕生に貢献したことは、党の歴史上も特筆すべき出来事と言ってよいのではないでしょうか。

国政選挙のたびごとに、内外の声に学んで掘り下げた総括を行い、改革の努力を続けた

第五にのべておきたいのは、党が国政選挙のたびごとに、内外の声に学んで掘り下げた総括を行い、活動の改革と刷新のための努力を続けたことであります。

とくに二〇一〇年七月の参院選で、党は、三議席、得票率六・一パーセントへの後退をきっし、それは〝試練の一二年間〟のなかでも最も厳しい結果となり、党内外から厳しい批判や叱《しっ》咤《た》の声が寄せられました。山のように寄せられ、そのすべてを読んだものです。『百年』史では、「党は、参議院選挙での後退をきわめて重大に受け止め、……根本的な選挙総括をおこないました」と特記していますが、党は、九月の中央委員会総会で、選挙総括の特別の報告も行い、政治論戦を「批判と同時に打開の展望を示す」ものへと発展させること、「綱領・古典の連続教室」の開催をはじめ党建設の抜本的強化をはかることなど、活動の改革と刷新の方向を打ち出しました。最も厳しい結果のさいに、党が、統一と団結を固め、全党の知恵を結集して冷静に前進の方途を明らかにしていったことは、その後の躍進を準備したといえるのではないでしょうか。

日本共産党の「第三の躍進」と、〝共闘の八年間〟

「第三の躍進」――〝試練の一二年間〟に全党が行った不屈の奮闘の結果

新しい躍進は首都・東京から始まりました。二〇一三年六月の都議選で党は八議席から一七

議席に躍進し、直後の七月の参院選で改選三議席を八議席へと躍進させました。さらに一四年一二月の総選挙で六〇六万票を獲得し、八議席から二一議席への躍進をかちとりました。一六年七月の参院選でも六〇一万票を獲得し、改選三議席を六議席へと躍進させました。日本共産党の「第三の躍進」が現実のものとなりました。

この時の喜びは、全国のみなさんにとって、特別のものがあったのではないでしょうか。二〇一三年の都議選で躍進をかちとった直後、参院選が始まりましたが、東京での第一声でも、全国のどこに行っても、訴えの冒頭で、「都議選で躍進をかちとりました」と切り出しますと、その一言で、聴衆のみなさんから喜びの歓声が沸き起こったことを思い出します。

この躍進は、自然にやってきたものではありません。それは〝試練の一二年間〟に、全党のみなさんが、後援会員・支持者のみなさんとともに、党を支え、成長と発展のための不屈の奮闘をつづけたことの結果だったということを、私は、ともにたたかった仲間のみなさんとともに確認したいと思うのであります。

〝共闘の八年間〟を踏まえて三つの点を訴える

躍進した党は、「市民と野党の共闘」という党の歴史でかつてない挑戦にふみだしました。

全国のさきがけになったのは沖縄のたたかいでした。二〇一四年、辺野古新基地建設反対の「オール沖縄」が、名護市長選挙、県知事選挙、総選挙で連続勝利をかちとりました。

つづく二〇一五年、安倍政権が進めた「戦争法」＝「安保法制」に反対する国民的たたかいが高揚するなかで、党は、今からちょうど八年前の二〇一五年九月一九日、「戦争法（安保法制）廃止の国民連合政府」を提唱し、野党の全国的規模での選挙協力を呼びかけました。私たちは、その後、二回の総選挙、三回の参院選を野党共闘でたたかいました。たたかいは現在進行形であり、前途には困難も予想されますが、私は、〝共闘の八年間〟を踏まえて三つの点を訴えたいと思います。

12万人が国会をとり囲み、戦争法廃案、安倍内閣退陣を求めた（2015年8月30日）

第一は、「市民と野党の共闘」が、確かな成果をあげてきたという事実を確認しようということです。

二〇一六年と一九年の参院選では、全国三二の一人区のすべてで野党統一候補を実現し、一六年には一一の選挙区、一九年には一〇の選挙区で勝利をかちとりました。二〇一七年の総選挙は、「希望の党」による共闘破壊の一大逆流が起こるもとでも、共闘を守り抜き、三二の小選挙区で共闘勢力が勝利しました。二〇二一年の総選挙は、二〇項目の「共通政策」を確認し、政権協力の合意を確認し、政権交代に正面から挑戦するなかで、共闘勢力で一本化した五九の小選挙区で勝利をかちとりました。

「野党共闘は失敗した」という非難は事実と違います。ともに共闘にとりくんできた方々に私は訴えたい。課題や弱点を抱えながらも、多くの人々の力に支えられてこの八年間、共闘が確かな成果をあげてきたことは誰も否定できない事実であり、この事実をみんなで確認することが、次を展望するうえで不可欠ではないでしょうか。

第二は、「市民と野党の共闘」の発展のためには、自民党や一部メディアなどによる野党共闘攻撃に対して、きっぱりと立ち向かう立場にたつことが避けて通ることができないということであります。

安保法制強行直後、日本共産党は「戦争法（安保法制）廃止の国民連合政府」を呼びかけた（2015年9月19日）

二一年の総選挙で、共闘勢力の大攻勢に対して、恐怖にかられた自公と補完勢力は、「安保・外交政策が違う政党が組むのは野合」、「（自公の）自由民主主義政権か、共産主義（が参加する）政権かの体制選択選挙」などという激しい攻撃を加えました。こうした攻撃に対して、野党が力をあわせて共闘の大義を訴え、力をあわせて反撃の論陣を張るまでには至らなったことは、大きな弱点でした。

野党共闘攻撃は、古い政治にしがみつくものが共闘をいかに恐れているかを示すものです。それは古い政治を変えるうえで共闘がいかに重要であるかの証明にほかなりません。〝共闘の八年間〟は、共闘を真剣に前進させようとするならば、攻撃に対して、ひるんだりおびえたりするのでなく、正面から立ち向かうことの重要性を示しているのではないでしょうか。

第三は、つよく大きな日本共産党を建設し、党の政治的躍進をかちとることこそ、共闘が直面する困難を克服し、共闘を再構築するうえでの決定的な力になるということであります。「第三の躍進」にさいして、私たちが痛感したことは、政治的躍進と党の実力には大きなギャップがあるということでした。また、「市民と野党の共闘」と日本共産党の躍進を同時に達成するためには、わが党の実力はあまりに小さいということでした。

全国のみなさん。この点を直視し、とくに二一年の総選挙を契機に強まっている新たな反共キャンペーンを打ち破り、党をつよく大きくする「大運動」をあらゆる力を結集して成功させ、来たるべき総選挙での日本共産党の躍進を必ずかちとろうではありませんか。それこそが共闘の再構築にとっても最大の力となることを肝に銘じて、奮闘しようではありませんか。

むすび――新たな一〇〇年のスタートの年にあなたも日本共産党に

お話ししてきたように、日本共産党の一世紀の歴史は、党の前進を恐れ、阻もうという勢力からの激しい攻撃に正面から立ち向かい、その中で自らを鍛え、成長と発展のために奮闘してきた歴史であります。攻撃は天皇制権力から行われた。戦後は自民党など支配勢力から行われた。それだけではありません。マッカーサーによる弾圧が行われた。スターリンとその後継者による干渉もありました。中国の毛沢東派による干渉もありました。国内の相手だけでなく、外国からもさまざまな攻撃がやられた。これらのすべてと正面からたたかい、自らを鍛え、成長させてきた。これが日本共産党の歴史であります。

先人たちの苦闘、全党のみなさんの奮闘によって、党は、世界的にもまれな理論的・政治的発展をかちとり、組織的にも時代にそくした成長と発展のための努力を続けてきました。同時に、『百年』史が最後に率直に明らかにしているように、党はなお長期にわたる党勢の後退から前進に転ずることに成功しておらず、ここにいまあらゆる力を結集して打開すべき党の最大の弱点があります。

内外の情勢は、この現状の打開を強く求めています。

自民党政治の行き詰まりは目を覆うばかりではありませんか。長期にわたって賃金が下がり、経済成長が止まり、安心して子どもを産み育てることが困難となり、食料とエネルギーの自給さえできない。アメリカに自ら進んで従属する卑屈な政治のもと、外交不在・軍事一辺倒の危険な暴走が続いている。そして世界でもひどい「ジェンダー不平等・日本」。こんな政治を続けていいのか。深いところからの問いかけと模索が広がっています。

世界に目を転じると、年々深刻になる気候危機、新興感染症の多発、貧富の格差の深刻な拡大のもとで、地球環境を破壊し、人間らしい生活条件を破壊する資本主義というシステムをこのまま続けていいのかという問いかけが起こっています。

みなさん。内外の情勢は、変革の党――日本共産党がつよく、大きな党に成長することを、痛切に求めているのではないでしょうか。

私が強調したいのは、私たちが、危機の打開を求める人々の問いかけにこたえる確かな科学的羅針盤を持っているということであります。一九六一年に土台がすえられ、二〇〇四年と二〇二〇年の改定によって現代にふさわしく発展させられた綱領には、「アメリカ言いなり」「財界中心」のゆがみをただす民主主義革命の道筋とともに、「人間の自由」「人間の解放」という社会主義・共産主義の壮大な展望が示されています。

そこには、二つの覇権主義との論争の中で、また日々ぶつかる日本と世界の諸問題との切り結びの中でとりくんできた、マルクス・エンゲルスの本来の理論を復活させ、現代に生かす活動――これらの理論的・政治的発展のなかで大きな役割を果たしてきた不破哲三さんの言葉を借りれば「科学的社会主義の『ルネサンス』」とも呼ぶべき活動――の成果がすべて込められています。

こうして手にした綱領の魅力を広く伝えきるならば、つよく大きな党をつくることは必ずできる。みなさん。ここに深い確信をもち、綱領を縦横に語り、歴史に深く学び、つよく大きな党をつくる仕事に、新たな決意でとりくもうではありませんか。

最後に訴えたいのは、きょうの講演を聞いていただき、私たちの歴史と綱領に共感していただいた方は、新しい一〇〇年のスタートの年となる党創立一〇一周年のこの機会に、どうか日本共産党に入党していただきたいということです。

日本共産党の歴史は、試練続きだったというお話をしました。しかし、私たちが体験してきた試練は、一〇一年の歴史が証明しているように、私たちが、平和・民主主義・人権・暮らしのために、国民とともに不屈にたたかい、それをはばむゆがんだ政治を「もとから変える」ことを大方針に掲げている革命政党であることの証しであり、私たちにとって名誉なことではないでしょうか。

そして、試練に挑戦し、そのなかで自らの成長をかちとることにこそ、人間としての本当の喜びがあり、本当の幸福があるのではないでしょうか。たった一度きりしかない大切な人生を、どうかこの党とともに歩んでいただきたい。そのことを心から呼びかけて、講演を終わりにいたします。

日本共産党創立一〇一周年万歳。ありがとうございました。

（「しんぶん赤旗」二〇二三年九月一七日付）

Ⅲ―1　日本共産党の歴史は、今に生きる力を発揮している

――党創立一〇〇周年にあたって（二〇二二・七・一四）

日本共産党は、七月一五日に、党創立一〇〇周年を迎えます。今日、一〇〇周年を迎えることができたのは、多くの先達たちの奮闘に支えられたものであり、また、わが党を支持・支援してくださった多くの国民に支えられたものです。私は、そのすべてに対して、心からの感謝を申し上げるものです。

不屈性、自己改革、国民との共同――一〇〇年を貫く特質

日本共産党の一〇〇年は、日本国民の利益を擁護し、平和と民主主義、自由と平等、社会進歩をめざして、その障害になるものに対しては、それがどんなに強大な権力であろうと、勇気をもって正面から立ち向かってきた歴史です。

どんな困難のもとでも、決して国民を裏切らず、社会進歩の大義を貫く不屈性。

科学的社会主義を土台に、つねに自己改革を進めてきたこと。

つねに国民との共同で政治を変えるという姿勢を貫いてきたこと。

これらは、わが党の一〇〇年を貫く特質だと考えます。

それは、ただ過去の歴史の問題にとどまらず、今に生きる力を発揮しています。私は、とくに四つの点をあげたいと思います。

日本国憲法に実った戦前のたたかい
――「翼賛政治」の危険のもとで今に生きる力

第一は、日本国憲法に実った戦前のたたかいです。

日本の政党のなかで、戦前・戦後を一つの名前で通している政党は日本共産党だけです。それには理由があります。太平洋戦争に向かう時期に、他の党はすべて自らの党を解散して、「大政翼賛会」に合流し、侵略戦争を進める立場にたちました。そのために戦後の再出発のさいに名前を変えざるをえなかったのです。

この暗い時代に、日本共産党は、文字通り命がけで、国民主権と反戦平和の旗を不屈に掲げてたたかいました。多くの先輩たちが迫害で命を落としましたが、わが党の主張は、戦後の日本国憲法に、「政府の行為」によって戦争をひきおこしたことへの反省と、国民主権が明記されたことによって、実りました。

戦前のわが党の不屈のたたかいは、いま多くの政党が、ロシアの蛮行に乗じて、「軍事力増強」「憲法九条を変えろ」の大合唱を行うなど、平和と民主主義を壊す「翼賛政治」の新たな危険が生まれているもとで、今に生きる力を発揮していると考えます。

日本共産党は、一〇〇年の歴史に立って、平和と民主主義を壊す逆流と正面からたたかい、これを正面から打ち破り、日本の希望ある前途を開くために全力をあげる決意を表明するものです。

どんな国であれ覇権主義を許さない
――この歴史は今日いよいよ重要になっている

第二は、どんな国であれ覇権主義を許さないたたかいです。

一〇〇年の歴史を通じて、わが党の最大の危機は、戦後、一九五〇年に、旧ソ連のスターリンなどによって、日本共産党に対する乱暴な干渉が行われ、党が分裂するという事態が起こったことにありました。

日本共産党は、この危機を乗り越える過程で、自主独立の路線――自らの国の社会進歩の運動の進路は、自らの頭で考える、どんな大国でも干渉や覇権は許さないという路線を確立しました。これは党の分裂という最悪の危機から教訓を引き出して、わが党の先輩たちがなしとげた巨大な自己改革であり、自主独立の路線の確立なしに、今日の日本共産党は存在しえなかったといっても過言ではありません。

一九六〇年代には、旧ソ連と中国・毛沢東派の双方から無法な覇権主義の干渉が行われましたが、日本共産党は、そのどちらもきっぱりとはねのけ、旧ソ連・中国の双方に干渉の誤りを認めさせました。世界のなかで、二つの大国の党にその誤りを認めさせた党は、日本共産党以外には存在しません。

わが党は、旧ソ連によるチェコスロバキア侵略やアフガニスタン侵略など覇権主義に、「社会主義とは無縁」と厳しい批判を貫きました。一九九一年にソ連共産党が解体したさいに、「もろ手をあげて歓迎する」との声明を発表しましたが、こうした声明を発表した党も、世界に日本共産党一党といっても過言ではありません。

どんな国であれ覇権主義を許さないというわが党の立場は、今日、ロシア・プーチン政権がウクライナ侵略という野蛮な覇権をふるっているもとで、また、中国の覇権主義がさまざまな面で深刻になっているもとで、いよいよ重要になっています。

覇権主義をきっぱり拒否する立場は、何よりも対米関係においてきわめて重要です。日本の政治は、在日米軍に異常な特権を保障している日米地位協定に象徴されているように、世界のなかでも異常な「アメリカ言いなり」できわだっています。「日米同盟の強化」の名で、憲法九条改定、自衛隊の海外派兵の動きが進められるもとで、従属の根源――日米安保条約を国民多数の合意で解消し、対等・平等・友好の日米関係をつくることを日本改革の中心課題にすえている日本共産党の立場は、いよいよ重要となっています。

わが党は、覇権主義とのたたかいの経験を踏まえて、二〇二〇年の綱領一部改定で、「どんな国であれ覇権主義的な干渉、戦争、抑圧、支配を許さず、平和の国際秩序を築」くことを明記しました。わが党は、この立場にたって、国連憲章にもとづく平和の国際秩序をつくるために全力をあげる決意を新たにするものです。

国民の共同の力で社会変革を進める
――この大方針を堅持して奮闘する

第三は、国民の共同の力で社会変革を進めるという立場です。

一九六〇年の日米安保条約改定に反対する国民的大闘争をへて、一九六一年に採択された党綱領は、選挙による国民多数の合意で社会変革を進めること、社会の発展のすべての段階で、国民の共同の力（統一戦線）で社会変革を進めることを大方針にすえました。

この方針にもとづく奮闘で、一九六〇年代~七〇年代には、東京、大阪、京都など、全国各地に革新自治体が広がり、一時期は、日本の総人口の四三パーセントが革新自治体のもとで暮らすまでになりました。

この流れを断ち切ったのが、一九八〇年に、社会党と公明党の間でかわされた日本共産党排除の「社公合意」でした。日本共産党を政界から排除し、その存在をないものかのように扱う「反共の壁」がつくられました。

こうした困難な状況のもとでも、わが党は、「日本共産党と無党派の方々との共同」という方針を提唱し、日本の社会進歩を求める団体、個人とともに革新懇運動にとりくみ、国民の共同の力で日本の政治を変えるたたかいに、粘り強くとりくみました。

日本共産党排除の「反共の壁」がつくられた時期は、国民の暮らし、平和、民主主義が大きな被害を受けた時期ともなりました。経済政策では、弱肉強食の新自由主義が、労働、社会保障、税制などあらゆる分野に持ち込まれ、日本を「賃金が上がらない国」「経済成長ができない国」にするという矛盾が深刻になりました。外交・安保政策では、自衛隊の海外派兵が進められ、二〇一五年に強行された安保法制では、歴代政府が戦後一貫して「違憲」としてきた集団的自衛権の行使を可能にするなど、立憲主義・平和主義・民主主義の乱暴な破壊が行われました。

　こうしたもと、二〇一五年以来、市民と野党の共闘という新しい運動が開始されました。「反共の壁」が大きく崩され、この間の何度かの国政選挙では、初めての全国規模での野党共闘も行われ、重要な成果をあげました。

　政権交代に正面から挑戦した昨年（二〇二一年）の総選挙以降、市民と野党の共闘は、その前進を恐れる支配勢力の激しい攻撃、妨害に遭遇しました。今回（二〇二二年）の参院選では、共闘は限定的なものにとどまりました。

　そのなかでも、沖縄選挙区をはじめ貴重な勝利をかちとり、共闘の灯を守ったことは重要です。東京選挙区で、若いみなさんをはじめとする自主的・自発的な市民的共同の力が発揮され、勝利をかちとったことは、たいへんにうれしい出来事でした。

　日本の政治を変える道は、共闘しかありません。日本共産党は、これまでの七年間の共闘のとりくみをふまえ、この流れをどう発展させるかについて、市民と野党が胸襟を開いて話しあい、この運動の前途を開くことを心からよびかけます。

わが党は、どんな困難があっても、それを乗り越えて、国民の共同の力で社会変革を進めるという党綱領の大方針を堅持して奮闘する決意です。

社会主義・共産主義という大目標
――資本主義体制の矛盾の深まりのもとでの重要性

第四は、日本共産党が、社会変革の大目標として、社会主義・共産主義の実現を掲げ続けてきたということです。

日本共産党は、戦前、戦後を通じて、社会変革の条件に違いはありますが、資本主義の枠内で「国民が主人公」の日本をつくる民主主義革命を直面する課題としつつ、人類の歴史を資本主義で終わりとする立場にたたず、資本主義を乗り越えて社会主義・共産主義の社会をめざすことを、党の大目標として一貫して掲げ続けてきました。

この立場は、二一世紀の今日、地球的規模での資本主義体制の深刻な矛盾が、一刻の猶予も許されない気候危機の深刻化、貧富の格差の劇的な拡大など、誰の目にも明らかとなり、「この体制を続けていいのか」という問いかけが広く行われているもとで、いよいよ重要となっていると考えるものです。

旧ソ連の崩壊、中国の覇権主義や人権侵害などをとらえた「社会主義否定論」は根強いものがありますが、これらの問題が起こった根底には、社会主義と無縁の暴政を行った指導者の誤りとともに、経済的発展でも、自由と民主主義という点でも、「遅れた国からの革命」という出発点の問題がありました。旧ソ連や中国の問題をもって、社会主義の未来を否定的に描くことは、成り立ちえない議論だと考えます。

高度に発達した資本主義国・日本で、社会変革の道に踏み出した場合には、このような誤りは決して起こりえないし、絶対に起こさないというのが、日本共産党の確固たる立場です。資本主義のもとでつくりだされた自由、民主主義、人権の諸制度を引き継ぎ、発展させ、花開かせる――これがわが党が綱領で固く約束していることです。

人類の歴史のなかで、発達した資本主義国から社会主義の道に踏み出した経験はまだ存在していません。それは特別の困難性をもつとともに、豊かで壮大な可能性をもった、新しい開拓と探究の事業です。

日本共産党は、二〇二〇年の綱領一部改定で、ロシア革命以来の一世紀の世界の運動の歴史的総括を踏まえて、次の命題を書き込みました。

「発達した資本主義国での社会変革は、社会主義・共産主義への大道である」

この立場にたって、わが党は、二一世紀を、搾取も抑圧もない共同社会の建設に向かう人類史的な前進の世紀とすることをめざして、力をつくします。

日本共産党という党名は、わが党のこの大目標と固く結びついた名前です。この名前を高く掲げて、新たな躍進をかちとるべく奮闘する決意です。

なぜ一〇〇年続いたのか――党史を貫く三つの特質　一問一答から

――党創立一〇〇年は称賛に値するものだと思うが、なぜ一〇〇年続いたのか。

志位　「なぜ続いたか」というご質問に簡単に答えるのは難しいですが、一つの政党が、一〇〇年という年月をへて、生命力を保ち続けていることは、それ自体、重要な意義をもつ出来事だと思います。日本共産党の一〇〇年を貫く特質について、三点ほど申し上げたい。

どんな困難のもとでも国民を裏切らず、社会進歩の大義を貫く不屈性

志位　一つは、どんな困難のもとでも国民を裏切らず、社会進歩の大義を貫く不屈性です。戦前、日本共産党は非合法のもとにおかれ、「国賊」「非国民」などと迫害を受けました。そのもとでも「侵略戦争反対」「国民主権」の旗を掲げて頑張り抜きました。

宮本顕治（元議長）さんが亡くなられたときに、評論家の加藤周一さんから、「宮本さんは反戦によって日本人の名誉を救った」という感動的なメッセージをいただきました。わが党のたたかいは、日本国民の全体にとっても、大事な意義をもつたたかいだったと思うんです。

戦後も苦しい時期は何度もありました。日本共産党の一〇〇年には順風満帆《じゅんぷうまんぱん》だった時期はひと時もありません。いつも支配勢力の攻撃や迫害にさらされてきた一〇〇年だったと言っても過言ではありません。それは日本共産党が日本の政治と社会を根本から変えようという志を持っていることの証しです。そういう政党だからこそ、風当たりも強く、そのなかで不屈に頑張ってきたというのが第一点です。

科学的社会主義を土台に、自己改革の努力を続けてきたこと

志位　第二点は、科学的社会主義を土台にして、つねに自己改革の努力を続けてきたということです。

一九五〇年には、旧ソ連のスターリンなどによる干渉を受けて党が分裂したわけです。一〇〇年のなかでも最も深刻な危機に陥ったのがこの時期だと思います。その時に、宮本顕治さんを先頭にした先輩たちが、自主独立路線を確立し、大きな自己改革をやった。

宮本さん自身も率直に話していますが、〝戦後の一時期までは、ソ連のやることにはだいたい間違いがなかろう〟とみていたが、ソ連などによるひどい干渉を実際に体験して、自主独立で進まなければだめだ、日本の国の運動の進路は、自分の頭で考えて、自分たちで決めていく。大国の干渉はきっぱり退ける――ここにいかなくてはだめだという路線を確立したわけで

す。

この土台の上に、一九六一年の綱領をつくり、節目節目で、綱領路線を発展させてきました。

ジェンダー平等は、二〇二〇年の綱領一部改定で書き込んだ大事な命題です。この問題でも、私たちは自己改革が大切だと大会でも強調し、みんなでその方向で努力しようと確認したんです。この問題での大会にむけた全党討論のなかで、わが党が過去の一時期、「赤旗」に掲載された論文などで、同性愛を性的退廃の一形態だと否定的にのべたことについて、きちんと間違いだと認めてほしいという意見が出されました。そうした討論を受けて、大会の結語で、これは間違いだったと明確に表明し、反省を述べました。

よく〝共産党は誤りを認めない〟〝無謬《むびゅう》主義の党〟だという批判がありますが、それは事実とまったく違います。事実と道理にそくして過去の誤りに対して誠実に正面から認め、自己改革の努力を続けてきた党だということをぜひ知っていただきたい。

どんな情勢のもとでも国民との共同で政治を変えるという姿勢を貫く

志位　第三点として、私たちは一党一派で政治をするという立場ではありません。つねに国民のみなさんとの共同で、当面する一致点を大事にして協力する。私たちは「統一戦線」と呼んでいますが、国民との共同で政治を変えるという姿勢をどんな場合でも貫いてきました。

一九六〇年代から七〇年代は、革新自治体など、共産党と社会党が中心になっての革新勢力の共闘が発展し、これを大いに追求しました。

その後、一九八〇年に「社公合意」が結ばれ、「共産党を除く」体制がつくられた。この困難な時期にも、統一戦線をあきらめず、「日本共産党と無党派の方々との共同」という方針を打ち出し、革新懇運動を発展させ、こうした努力が、二〇一五年以降の市民と野党の共闘の発展にもつながりました。

現在、市民と野党の共闘は、いろいろな妨害や困難に突き当たっているのも事実ですが、切実な一致する課題で、国民との共同で、統一戦線の力で政治を前に進める、この立場をどんな情勢のもとでも堅持し、発展させてきました。この立場は今後も断固として貫きます。

「なぜ一〇〇年間続いたか」という問いに対しては、いまあげたわが党の三つの特質を答えとしてあげたいと思います。不屈性、自己改革、国民との共同――これらの特質は、今後の一〇〇年を展望しても、将来にわたって貫いていきたいと考えています。

国民の願いにこたえた運動にとりくみ、強く大きな党をつくりたい

――今後、党勢をどう立て直していく考えですか。

志位　国民の願いにこたえたいろいろなたたかい、運動に力を入れていきたい。憲法問題は差し迫った課題ですが、暮らし、民主主義、ジェンダー平等、気候危機の問題など、国民のな

かでの多面的な運動を発展させるために貢献していきたい。

それから、現に国民のなかにはさまざまな運動がありますから、そうした運動に、私たちが連帯し、参加していきたい。国民の願いにこたえた運動を発展させていくことが一つの大きなカギになってくると思います。

その運動のなかで、日本共産党の党員を増やし、「しんぶん赤旗」の読者を増やし、民青同盟という、ともにたたかっている若いみなさんを大きくしていくという取り組みを成功させるために、力をつくしたいと決意しています。

〝たたかいながら自力をつけていく〟ことに正面から挑んでいきたいと思っています。

（「しんぶん赤旗」二〇二二年七月一五日付）

Ⅲ―2　党創立一〇一年の記念の月、どうか日本共産党の一員に

（二〇二三・七・一五）

七月一五日、日本共産党は党創立一〇一年の記念の日を迎えました。

この一〇一年間は、党が躍進した時期も、困難に直面した時期もさまざまですが、党にとって順風満帆な時期はひと時としてありません。古い政治にしがみつこうとする勢力から、つねにさまざまな非難や攻撃にさらされ、それを打ち破りながら前途を開く――開拓と奮闘の一〇一年でした。

（二）

日本共産党は、一九二二年の党創立のはじめから、天皇制権力による繰り返しの弾圧をうけ、命がけでそれに抗しながら、反戦平和と国民主権の旗を掲げ続けました。いま「しんぶん赤旗」として親しまれている機関紙の前身となる「赤旗《せっき》」を発行し、工場で、地域で、農村で、さらに軍隊のなかでも、国民と結びつき、その苦難軽減のために奮闘しました。弾圧のために、一時期、党の中央の活動が壊されましたが、次の時代を準備するたたかいは続きました。

そして私たちのたたかいは、戦後の日本国憲法に「主権在民」「恒久平和」が書き込まれたことで大きく実を結びました。多くの先輩たちが弾圧の犠牲になりましたが、民主主義日本に道を開いた不屈の奮闘は、私たちの大きな誇りです。

（二）

戦後、米軍の占領下で、日本共産党は合法政党として活動を開始し、国民主権と日本の独立、生活向上の旗を掲げた奮闘によって国民の支持を広げていきました。これに対して、アメリカと日本の支配層は強い危機感を抱き、大規模な政治的弾圧を加えました。他方、党は、ソ連・スターリンによる乱暴な干渉に遭遇し、一九五〇年に党が分裂するという危機的な事態におちいりました。

しかし、私たちの先輩は、この危機を理性の力で解決し、そのなかで、一九五八年に自主独立の路線――相手がどんな大国でも言いなりにならず日本の進路は自分で決めるという路線を確立するとともに、一九六一年に綱領路線――国民多数の合意で異常な「アメリカ言いなり」「財界中心」の政治を根本からただす民主主義革命を行い、さらに多数の合意で社会主義にすすむという大方針を決めました。「議会の多数をえて革命をすすめる」――平和的に社会進歩の道を歩むことを党の大方針にすえました。

困難と正面から立ち向かい、危機を克服したことが、その後の日本共産党の発展の土台となる大きな成果に実を結んだのです。

（三）

一九六一年に綱領路線を確立して以降も、日本共産党の歴史は坦々《たんたん》としたものではありませんでした。

この六〇年余に、日本共産党は、三回にわたって国政選挙での躍進を経験していますが（一九六〇年代末～七〇年代、九〇年代後半、二〇一〇年代）、そのたびに日本共産党の躍進を恐れた支配勢力は、集中的な共産党攻撃と政界の反動的再編でこたえ、それとのたたかいで党は鍛えられながら、あらたな前途を切り開く――私たちはこれを「政治対決の弁証法」と呼んでいますが――、そうしたたたかいの連続でした。

最近では、二〇二一年の総選挙で、日本共産党が野党共闘の体制をつくりあげ、政権交代に挑戦するという政治的な大攻勢をかけたことに対して、自民党などから激しい攻撃がくわえられ、逆流に正面から立ち向かい、押し返しつつある。これが現状です。

こうした攻防は、同じことの繰り返しではありません。この六〇年余、自民党政治は行き詰まりをいよいよ深めています。長年にわたって賃金が下がりつづけ、経済が成長せず、少子化が進み、衰退する日本。憲法九条という宝があるのに、それをないがしろにして海外派兵の道を進み、平和を危うくする震源地になろうという日本。人々の人権、人々の尊厳が侵害され、粗末にされる日本。こんな国でいいのか。多くの方々が日本の前途を憂えています。

いま日本は、新しい日本への変革を強く求めています。しかし社会の進歩はひとりでには進みません。「社会を変えよう」という国民多数の合意が必要です。そして、そうした国民多数の合意をつくりあげていくためには、社会進歩を先頭に立って進める強く大きな日本共産党がどうしても必要です。

（四）

いま、いろいろな形で日本共産党への批判や攻撃が行われていることについて、「どうして」と思われる方もいらっしゃるかもしれません。しかしそれは、私たちが何か悪いことをしているから起こっていることでしょうか。まったく反対です。

私たちへの攻撃は、一〇一年の歴史が証明しているように、私たちが、平和・民主主義・人権・暮らしのために、国民とともに不屈にたたかい、それを阻むゆがんだ政治を「もとから変える」ことを大方針に掲げている革命政党であることの証《あか》しではないでしょうか。古い政治にしがみつく勢力からの攻撃は、新しい政治をつくるものの名誉だと考えて、多くの方々と力をあわせて打ち破っていく。これが私たちの決意です。

多くの人々の幸福のために働くことにこそ、自らの幸福がある――こうした思いで集っている人間集団が日本共産党です。一度きりしかない大切なあなたの人生を、どうかこの党とともに歩んでいただきたい。日本共産党の記念すべき創立一〇一年の七月に、あなたの入党を心からよびかけます。

（「しんぶん赤旗」二〇二三年七月一五日付）

Ⅲ—3　歴史への貢献と自己改革続けた党

（二〇二三・七・二五）

党創立一〇〇年の到達点を踏まえて、一〇〇年の党史の全体を振り返り、叙述した

本日、『日本共産党の百年』を発表します。

今回の党史の編纂《へんさん》にあたっては、昨年（二〇二二年）九月に常任幹部会のもとに、党史編纂小委員会を設置し、基本構想をたて、同年一二月から編纂作業を本格的に進めました。七月一〇日の常任幹部会で確認・決定し、常任幹部会の責任で発表します。

わが党は、二〇〇三年に『日本共産党の八十年』を発表しており、二〇年ぶりの党史の発表となります。『百年』史は『八十年』史の叙述が土台になっていますが、それは『八十年』史に、最近の二〇年の歴史を、ただつけくわえたというものではありません。党創立一〇〇年の地点で、わが党が到達した政治的・理論的・組織的到達点を踏まえて、一〇〇年の党史の全体を振り返り、叙述するものとなっています。

分量的には、『百年』史は、『八十年』史とほぼ同じ分量になるようにしました。今日は、タブロイド判をお渡ししますが、製本したものを一〇月には国民のみなさんにお届けできるようにいたします。

歴史への貢献と自己分析性――一〇〇年に及ぶ一貫した党史を持つ党

『百年』史では、日本共産党が、この一世紀に、日本と世界の発展にとってどういう役割を果たしたかを克明に明らかにしています。すなわち『百年』史は、狭くわが党の歴史というだけでなく、この一世紀にわたる日本の政治史、世界史についても、その基本点については叙述を行い、そのなかで日本共産党がどういう役割を果たしたかをのべるという構成にしています。そうした歴史の文脈でとらえたとき、私たちは、日本共産党の一〇〇年は、大局において、平和、民主主義、人権、暮らしなど、さまざまな面で、国民の苦難を軽減し、日本の社会進歩に貢献し、世界史の本流に立ってそれを促進した歴史ということが言えると確信しており、『百年』史においてもそうした確信を随所で表明しています。

同時に、わが党の歴史のなかには、さまざまな誤り、時には重大な誤りがあります。さらに歴史的な制約もあります。わが党の歴史は、それらに事実と道理にもとづいて誠実に向き合い、科学的社会主義を土台としてつねに自己改革を続けてきた歴史であります。『百年』史は、そうした自己改革の足跡を、可能な限り率直に明記するものとなっています。すなわち『百年』史では、わが党の過去の欠陥と歴史的制約について、何ものも恐れることのない科学的精神にもとづいて、国民の前に明らかにしています。わが党に対して「無謬《むびゅう》主義の党」――誤りを一切認めない党という非難がありますが、それがいかに事実に反するものであるかは、『百年』史をご一読いただければお分かりいただけると思います。

世界には、一〇〇年を超える歴史を持つ党は数多く存在します。しかし歴史への貢献と、自己分析性の両面で、一〇〇年に及ぶ一貫した党史を持つことができる党は、世界を見渡してもそうはないということがいえるのではないかと思います。

生きた攻防のプロセスとしての歴史を明らかに

『百年』史の全体を通じて、私たちがもっとも心がけたのは、わが党が、古い政治にしがみつこうという勢力から、つねにさまざまな非難や攻撃にさらされ、それを打ち破りながら自らの成長をはかっていく、生きた攻防のプロセスとしての歴史を明らかにすることでした。

わが党の一〇〇年を振り返ってみて、党が躍進した時期も、困難に直面した時期もさまざまですが、党にとって順風満帆《じゅんぷうまんぱん》な時期はひと時としてありません。つねにわが党の前進を恐れる勢力からの非難や攻撃にさらされ、それとのたたかいで自らを鍛え、成長させながら、新たな時代を開く――私たちはこれを「階級闘争の弁証法」＝「政治対決の弁証法」と呼んでいますが――、そうした開拓と苦闘の一〇〇年でした。『百年』史では、そのことが浮き彫りになるような構成と叙述となるように努めました。

『百年』史は、五章だてになっていますが、党史を大きく区分すると三つの時期に区分することができます。第一の時期は、戦前のたたかい（一九二二～四五年）で、第一章をあてていいます。第二の時期は、戦後の十数年（一九四五～六一年）で、第二章をあてています。第三の時期は、一九六一年に綱領路線を確立して以降の六〇年余で、これには二〇年ごとの区切りを入れ、第三章（一九六〇～七〇年代）、第四章（一九八〇～九〇年代）、第五章（二〇〇〇年代～今日）の三つの章をあてています。節目、節目で、「政治対決の弁証法」という基本的な観点にもとづく総括的な記述を行い、各論をすすめるというように叙述を工夫しました。

戦前の不屈の活動
――迫害や弾圧に抗しての、成長と発展のための努力

第一章「日本共産党の創立と戦前の不屈の活動」についてのべます。

戦前論では、党史を三つの時期に区分しました。すなわち「党創立と初期の活動」（一九二二～二七年）、「〝ここに日本共産党あり〟の旗を掲げて」（一九二七～三五年）、「次の時代を準備する不屈のたたかい」（一九三五～四五年）であります。

日本共産党の誕生は、当時の日本社会の発展の最大の障害物であった天皇絶対の専制政治の変革にとりくみ、侵略戦争反対と国民主権の実現に不屈にとりくむ革命政党が出現したという歴史的意義をもつものでした。それだけに、わが党の存在と活動は、天皇制権力から強い恐怖と警戒をもって迎えられました。

わが党の戦前史は、党創立のはじめから天皇制権力によるくりかえしの迫害や弾圧をうけ、

それに命がけで抗しながら、自らの路線、理論、運動、組織を発展させていった、文字通りの開拓と苦闘の歴史であります。

『百年』史の第一章では、わが党がこの苦しい時代の節々でどのような主張を掲げてたたかったか、どのような迫害や弾圧に遭遇したか、それに抗してどのような成長と発展のための努力を続けたかが、生き生きと浮き彫りとなるように叙述しています。

たびたびの大弾圧にもかかわらず、党機関紙「赤旗」の発行部数は最大約七〇〇〇部にのぼり、それは〝回し読み〟されて発行部数よりはるかに多くの読者をもっていました。労働運動や農民運動などでの大きな足跡とともに、その知的・文化的影響力は、「北斗七星」にたとえられたような大きなものがありました。残虐な弾圧によって党中央の機能が壊された後も、各地での活動、獄中と法廷でのたたかいは続き、戦後の新しい時代を準備する営みが行われました。『百年』史では、これらの事実を克明に明らかにしています。

戦前、わが党が置かれた状態は苦難に満ちたものでしたが、その主張と活動は、戦後の日本国憲法の「国民主権」「基本的人権」「恒久平和」などの諸原則として大きな実を結んだこと、それは今日、アジア諸国民との平和・友好を進める土台となっていることを強調したいと思います。

『百年』史の戦前論で力を入れて描いたものの一つは、日本共産党に参加した女性たちの不屈の青春についてであります。当時、女性の政党加入が禁止されるもとで、日本共産党は、女性が参加し、活動したただ一つの政党でした。さまざまな時代的制約があったとはいえ、日本共産党は、女性差別に反対し、女性の人権と尊厳を大切にする点では、当時の政党のなかで抜きんでた立場にあったといえます。入党した女性たちは、党中央部も含めて責任ある部署をになうなど諸分野で活躍しました。少なくない若い女性の先輩たちが迫害で命を落としました。そうした先輩たちをもつことは私たちの大きな誇りであります。

当時、天皇制権力は、党の姿をゆがめ、「共産党は女性を踏み台にした非人間的な党」といった攻撃を行い、同様の攻撃は戦後も繰り返されてきましたが、『百年』史では、そうした攻撃はまったく事実に反し、成り立つものではないとのきっぱりした反論を行いました。

戦後の十数年
――党分裂の危機をのりこえ、自主独立と綱領路線を打ち立てる

第二章「戦後の十数年と日本共産党」についてのべます。

この章の特徴は、日本軍国主義の敗北によって、わが党が合法政党としての地位を獲得した一九四五年から、綱領路線を確立した一九六一年までの時期を、一つの章にまとめたことにあります。こうしたまとめ方をした理由は、こうしたくくり方をすることで、この時代の「たたかいの弁証法」が鮮やかに浮き彫りになると考えたからであります。

一九四五年、再建された党が、米軍占領下で果たした役割は、主権在民の一貫した主張、全面講和・外国軍の撤退・真の独立の主張、労働者と国民の暮らしを守る闘争、一一〇〇万人の

人々が参加した民主主義擁護同盟という統一戦線など、戦略路線の未確立などの歴史的制約をもちつつも、主たる側面は積極的で先駆的なものでした。日本共産党以外の政党が、占領政策推進の「オール与党」となるもとで、一九四九年の総選挙で日本共産党が大躍進したことも特筆すべきであります。

こうした党の前進を恐れ、立ちふさがってきたのが、アメリカ占領軍でした。日本共産党を「民主主義の破壊者」として攻撃し、党と労働組合を取り締まりの対象とし、松川事件その他の謀略事件を党と労働組合が引き起こしたかのように宣伝し、無法な弾圧を行いました。さらに、一九五〇年、マッカーサーは、わが党を事実上の非合法状態におき、日本の軍事基地化をすすめていきました。

この危機のときに、わが党の前進をより深刻な形で脅かす相手が、当時の党にとっては思いもかけないところから現れました。スターリンが支配するソ連による謀略的な干渉であります。この干渉に呼応・内通する人々は、占領軍による弾圧を絶好の機会として利用し、一九五〇年、中央委員会を解体し、党を分裂させるという一大暴挙を行いました。党の方針にそむいて、分派によって武装闘争方針が持ち込まれたことは、党に甚大な損害をもたらしました。私たちが今日、「五〇年問題」と呼んでいる、わが党の一〇〇年の歴史のなかでも最も重大な危機であります。

『百年』史では、これらの謀略的干渉作戦の全貌が、ソ連解体後に明らかになった資料、その後の研究も踏まえて、深く明らかにされています。そして、党が、この深刻な危機をのりこえて、一九五八年の第七回党大会で、自主独立の路線――相手がどんな大国でも言いなりにならず日本の進路は自分で決めるという路線を確立するとともに、一九六一年の第八回党大会で綱領路線――国民多数の合意で異常な「アメリカ言いなり」「財界中心」の政治を根本からただす民主主義革命を行い、さらに国民多数の合意で社会主義にすすむという大方針を決めた過程を明らかにしています。

『百年』史では、一九五五年から五八年までの時期――党が分裂を克服し、自主独立の路線と綱領路線を形づくっていく時期を、「党史上のきわめて重要な時期」として新たに光をあて、立ち入って叙述しています。いわば危機と混沌《こんとん》ともいうべき状態から、新しい路線が生まれてきたのが、この時期でありました。『百年』史がここでのべている「武装闘争方針の否定こそが六一年綱領を確立する出発点となったのです」という規定づけに注目していただきたいと思います。

この時期を党史で叙述するとき、党分裂という最悪の危機を乗り越え、自主独立の路線と綱領路線という未来ある路線を打ち立てていった、先人たちの理性と勇気に、私は、深い敬意を覚えざるをえません。そして、ここにも、深刻な危機と正面から立ち向かうたたかいが、新しいものを生みだすという〝波瀾万丈《はらんばんじょう》〟ともいうべき「たたかいの弁証法」が働いていることを強調したいと思います。

一九六〇～七〇年代
――「第一の躍進」と反共キャンペーンとのたたかい

第三章から第五章までの三つの章は、一九六一年に綱領路線を確立して以降の六〇年余のたたかいをのべています。

正確な綱領路線を確立すれば、一路前進というわけにはいきません。この六〇年余に、日本共産党は、三回にわたって国政選挙での躍進を経験していますが、そのたびに日本共産党の躍進を恐れた支配勢力は、集中的な日本共産党攻撃と政界の反動的再編でこたえ、それとのたたかいで党は鍛えられながら、新たな前進と成長をかちとる――まさに「政治対決の弁証法」と呼ぶべきたたかいの連続でした。

『百年』史の第三章では一九六〇～七〇年代のたたかいについてのべています。

六〇年代、綱領路線を確立した党は、各分野での開拓的努力にとりくんでいきます。革新勢力の統一行動の発展、革新自治体の発展、本格的な政策活動、党建設の開拓的な努力へのとりくみが叙述されています。

他方、この時期に、わが党は、ソ連、中国・毛沢東派による激しい干渉攻撃に遭遇し、それを正面から打ち破り、自主独立の路線を確固たるものに発展させていきます。無法な覇権主義に対して、わが党は、ソ連、中国ともに誤りを認めさせるという決着をつけました。この二つの大国に対して、誤りを認めさせた党は、世界に他にありません。

これらの努力が、六〇年末から七〇年代いっぱいまで続いた「第一の躍進」に実っていきます。この躍進の重要な特徴は、六〇年代に粘り強く続けられた党建設の飛躍的発展という強固な土台の上に実現した躍進だったことにありました。

『百年』史では、この躍進に対して、体制的な危機感を感じ取った支配勢力が、七〇年代前半から〝日本共産党封じ込め〟の戦略をねり、「自由社会を守れ」のスローガンのもと、わが党を「暴力と独裁」の党とする反共キャンペーンを開始したこと、それに真正面から対決し、七六年の第一三回臨時大会での「自由と民主主義の宣言」の採択など、科学的社会主義にもとづく党の理論的・政策的立場を発展させたこと、革新勢力の共同の前進のために力をつくしたことなど、党の奮闘がのべられています。この時期に、党がかちとった一連の理論的・政策的発展は、今日の綱領路線につながる重要な財産となっていきました。

一九八〇～九〇年代
――日本共産党排除の「オール与党」体制と「第二の躍進」

『百年』史の第四章では一九八〇～九〇年代のたたかいについてのべています。

八〇年代、国政では、社会党が「社公合意」によって反共路線に転落し、日本共産党をのぞく「オール与党」体制がつくられ、日本共産党以外の野党は、すべて対米従属と財界中心という自民党政治の枠組みのなかに組み込まれるという事態が起こりました。

この事態を前にして、わが党は、「日本共産党と無党派の人々の共同」という新しい統一戦線運動を提唱し、八一年、全国革新懇が結成されました。革新懇運動は、その後、あらゆる統一戦線運動を草の根から支える土台として、今日にいたるまで重要な役割を果たしていくことになります。

〝日本共産党封じ込め〟の「オール与党」体制のもとで、八〇年代、わが党は国政選挙で一進一退を余儀なくされますが、この体制によって苦しめられたのはわが党だけではなく、国民全体でした。臨調「行革」の名で、新自由主義の路線が開始され、暮らしの破壊と格差拡大が深刻になりました。「戦後政治の総決算」が唱えられ、日米軍事同盟の侵略的強化が進められました。『百年』史では、この時期から開始された新自由主義への批判を補強するなど、現在につながる自民党政治の悪政について系統的に叙述しました。

八〇年代末、金権腐敗事件とともに、「オール与党」体制の矛盾が噴き出し、日本共産党の躍進の予兆が起こってきます。中国・天安門事件、東欧・ソ連崩壊を利用した「社会主義崩壊論」、「体制選択論」攻撃が行われ、躍進は現実のものとなりませんでしたが、支配勢力は、「オール与党」体制のもろさを痛感することになりました。支配勢力は、新しい〝日本共産党封じ込め〟の戦略を発動していきます。

まず発動されたのは、九〇年代前半、「自民か、非自民か」という偽りの対決構図をふりまき、日本共産党を選択肢の外に排除しようという動きでした。しかし、この作戦は、「非自民」勢力が、にわか仕立ての寄せ集めだったために、まもなく自壊して失敗に終わることになります。

その後、自民党政治への対決で筋を貫いてきた日本共産党への支持と期待が急速に広がり、九〇年代後半から「第二の躍進」が起こりました。この躍進は、「第一の躍進」を大きく上回る党史上最高の躍進となりました。この躍進は、私たちの予想を超える形で起こりましたが、党の自力が躍進についていっていないという弱点を私たちは痛感しました。

二〇〇〇年代
――最大・最悪の逆風、「第三の躍進」と市民と野党の共闘への挑戦

『百年』史の第五章でのべられている二〇〇〇年代～今日は、新しい部分であり、力を入れて叙述した部分であります。この直近の二〇年は、「政治対決の弁証法」が、最も鋭い形で現れた時期ともなりました。

二〇〇〇年代は、一九九〇年代後半の日本共産党の躍進に強い危機感を抱いた支配勢力が、まず公明党・創価学会などを使った大規模な謀略的反共攻撃を行うことでスタートしました。続いて財界主導の反動的政界再編が進められ、「自民か、民主か」――「二大政党の政権選択論」を押し付け、日本共産党を有権者の選択肢から排除する一大反共作戦が展開されました。

それは、わが党にとって、六一年綱領確定以後、最大・最悪の逆風として作用し、党は、国政

選挙で苦しいたたかいの連続を余儀なくされました。

こうした新たな困難に直面して、わが党は、二〇〇〇年の第二二回大会で「『日本改革』の提案」を豊かに発展させるとともに、党の組織と運営の民主主義的な性格をいっそう明瞭にする党規約の改定を行いました。〇四年の第二三回大会で、党綱領改定を行い、日本改革論、世界論、未来社会論の全体にわたって二一世紀の党の新たな羅針盤を打ち立てました。わが党は、自民党政治の転換の旗を掲げ、米国によるアフガニスタン報復戦争、イラク侵略戦争、自衛隊の海外派兵に反対を貫くとともに、新自由主義の暴走と対決し、平和と暮らしを擁護するたたかいをあらゆる分野で組織して奮闘しました。

その後、自民党政権の衰退と民主党政権の誕生、続いて民主党政権の自民党政治への屈服と矛盾の激化という、政治の大きな激動が起こりましたが、それは、なかなか党の躍進に結びつきませんでした。二〇一〇年の参院選で、わが党は深刻な後退を経験しました。後退に直面して、私たちは、内外の声に真剣に学びながら、政治的対応、組織的問題の両面で根本的な選挙総括を行い、「国民の探求にこたえ、展望を示す」という政策論、「綱領・古典の連続教室」などの党建設の新しい探究を進めました。

こうした全党の努力が実ったのが、二〇一三年から開始された「第三の躍進」でした。この政治的躍進を力にして、党は、戦争法（安保法制）反対の国民的闘争から生まれた野党共闘を願う国民の声にこたえて、党の歴史のうえでもかつてない統一戦線――市民と野党の共闘にふみだしていくことになります。共闘は二〇一六年、一九年の参院選では、重要な成果をおさめます。しかし、二〇一七年、二一年の総選挙では、支配勢力の激しい攻撃に直面し、共闘は一定の成果をあげましたが、党自身は悔しい後退を喫しました。この攻撃は、日本共産党が参加する統一戦線、ましてや連合政権などは、万が一にも許してはならないという支配勢力の強い恐怖と危機感に突き動かされたものでした。

わが党は、二〇二〇年の第二八回党大会で綱領一部改定を行いました。この一部改定の作業は、中国に対する綱領上の規定の見直しから始まったものでしたが、それは世界論と未来社会論など綱領全体に新たな視野を開く重要な改定となりました。

『百年』史では、現在のたたかいの到達点を、次のようにのべています。

「二〇一〇年代中ごろの『第三の躍進』から今日までの経過は、党が躍進した力を背景に、市民と野党の共闘の態勢を構築し、一連の国政選挙、とくに二一年の総選挙で政治的大攻勢をかけたことにたいして、支配勢力が激しい反共闘、反日本共産党の攻撃でこたえ、それとのたたかいで新しい前途を開くことに挑戦するという、激しい攻防のプロセスとなりました。この攻防のプロセスは決着がついておらず、現在進行形で続いています」（『日本共産党の百年』新日本出版社、三二八ページ）

この攻防のプロセスがどう決着するにせよ、日本共産党が、わが国の立憲主義と民主主義の危機にさいして、多くの方々とともに、市民と野党の共闘にとりくんできたことは、日本共産党の党史に、さらには日本の政治史に、党の積極的努力の一ページとして刻まれることになると確信するものです。

そしてこの攻防のプロセスを前に進め、日本の進歩的未来を実現する最大の力は、日本共産党の躍進であることを肝に銘じて奮闘することを表明するものです。

『百年』史を概括し、未来に向けて――三つの点について

『百年』史を概括し、未来に向けていくつかの点を強調したいと思います。

第一は、わが党の歴史は、つねに古い政治にしがみつく勢力による攻撃とのたたかいの歴史であり、逆流とのたたかいのなかで、自らを鍛え、自らの成長をはかり、新しい政治をつくりだしていく歴史であるということです。

わが党に対して、一〇〇年の全体を通じて続けられてきた攻撃は、その歴史が証明しているように、私たちが、平和・民主主義・人権・暮らしのために、国民とともに不屈にたたかい、それを阻むゆがんだ政治を「もとから変える」ことを大方針に掲げている革命政党であることの証《あか》しであります。わが党にとってそれは名誉であり、逆流を打ち破るたたかいのなかでこそ新しい政治への道は開かれるという確信をもって未来にのぞみたいと思います。

第二は、六一年綱領確定後の六〇年余、自民党政治はその行き詰まりをいよいよ深刻にしているということであります。

とくに『百年』史に新たに詳しく叙述したように、一九八〇年代以来の新自由主義の経済政策のもとで、賃金は下がり続け、経済成長が止まり、少子化が進み、日本の経済社会の閉塞《へいそく》は

きわめて深刻であります。日米軍事同盟の止めどもない強化によって、憲法九条を壊す暴走が続き、日本は世界とアジアの平和を危うくする震源地にされています。Ｇ７諸国のなかでも人々の人権、人々の尊厳がこんなに粗末にされている国はほかに見当たりません。

いま日本は、新しい日本への変革を強く求めています。

第三に、そのためには、新しい日本をつくる国民の多数の合意が必要であり、そうした国民多数の合意をつくるためには、社会進歩を先頭に立って進める強く大きな日本共産党がどうしても必要であるということです。

『百年』史は、「むすび」の部分で次のようにのべています。

「六一年綱領確定以後の激しい攻防のプロセスのなかで支配勢力による攻撃と正面から切り結び、党は鍛えられ、理論的・政治的に新しい発展をかちとり、組織的にも時代にそくした成長と発展のための努力を続けてきました。同時に、『社公合意』以来の四十年あまりにわたった『日本共産党をのぞく』壁、くりかえされる各種の反共攻撃は、党建設の前進にとっての大きな障害となりました。全国各地で奮闘が続けられてきたものの、党はなお長期にわたる党勢の後退から前進に転ずることに成功していません。ここに党の最大の弱点があり、党の現状は、いま抜本的な前進に転じなければ情勢が求める任務を果たせなくなる危機に直面しています。いま党は、この弱点を根本的に打開し、強く大きな党をつくる事業、とりわけ世代的継承――党の事業を若い世代に継承するとりくみに、あらたな決意でとりくんでいます」（『日本共産党の百年』新日本出版社、三二三～三二四ページ）

この決意を重ねて強調したいと思います。

『日本共産党の百年』が、わが党の真実の姿を多くの方々に知っていただくうえで、また、日本と世界の進歩的未来を開くうえで、広く読まれることを願ってやみません。

（「しんぶん赤旗」二〇二三年七月二六日付）

一問一答

世代継承どうする？

前進を開始した民青同盟――「五カ年計画」をつくり飛躍的前進に挑戦する

記者　『百年』史をまとめられたということで、若い世代の継承にも力を入れるという表明をしています。世代継承のため、また、強く大きな党にするという目標に向かって、『百年』史を踏まえて、委員長としてどのように取り組んでいきますか。

志位　いま党としては、来年（二〇二四年）一月の第二九回党大会に向けて、前回大会比で一・三倍の党をつくろうという運動に取り組んでおりますが、その中で、とりわけ若い世代で党勢を倍加する、民青同盟と力を合わせて民青を倍加するという取り組みをやっております。

さらに、より戦略的な視野にたって、青年・学生のなかでの党と民青の抜本的前進をはかるために、先日の八中総（第八回中央委員会総会）では、「特別決議」を採択しました。これからの五年間で「数万の民青」をつくり、「一万の青年・学生党員」をつくることを目標にすえ、すべての都道府県、地区委員会が「五カ年計画」を策定し、総力をあげた実践に踏み出すことを呼びかけました。この「特別決議」には熱い歓迎と決意の声が返ってきています。

この分野では、この間、顕著な前進が始まっていまして、民青同盟のみなさんの奮闘によって、新しい民青同盟員を迎える運動が、年々広がってきています。若者の切実な要求にこたえ、結びつきを広げ、学習に取り組み、楽しい活動をつくりながら、仲間を増やしていく。たいへんに法則的な前進が始まっています。

この根本には、若いみなさんのなかに起こっている変化があると思います。

民青を増やす運動の様子を聞いてみても、民青同盟が日本共産党を相談相手にしていることが加盟のさいの安心となっている、つまり若者は共産党をいろいろな〝色眼鏡〟で見ていない。

そして、「アメリカ言いなり」「財界のもうけ最優先」という日本の政治の二つのゆがみを変えようと訴えると、これがストレートに受け止められ、希望として伝わる。

それから、資本主義を乗り越えて、先の社会――社会主義に進もうということも、気候危機の問題、ジェンダーの問題、さまざまな問題との関係で、すっと受け止められてくるという状況が広がっています。

そういう前進が始まっていますので、ぜひ「五カ年計画」をやりぬいて、「数万の民青」、「一万の青年・学生党員」をつくっていくというところに力を入れたいと思います。

『百年』史への思いは？

党の歴史にこそ真実の党の姿が表れる――それを広く伝えたい

記者　『百年』史を取りまとめた委員長の率直な感想、どのような思いで、この発表に至ったのですか。

志位　党の歴史というのは、何年ということで、特別の区切りがあるわけではありません。政治の生きた攻防のサイクルと、党史のうえでの何年という区切りは、そううまく一致するものではありません。

きょう、お話ししたように、『百年』史の第五章では、二〇〇〇年代から今日におよぶ攻防の生きた歴史――「政治対決の弁証法」を描いていますが、この攻防は、『百年』史で述べたとおり、「現在進行形」であり決着はついていません。ただその決着がつくまで新たな党史を出さないというわけにはいきません。

一〇〇年余の歴史をもっている党は、日本では日本共産党だけです。そして、この一〇〇年をずっと支えてきてくれたたくさんの先輩たちがいます。この党とともに頑張ってこられた素晴らしい先輩たちを、私もたくさん知っております。一〇〇年の節目に党指導部を担っている者として、そうした先輩たちの開拓と苦闘をまとめ、未来に伝えていく責任があると考えました。

同時に、いま若い世代に党への注目と期待が広がる状況があります。そういう若い方々、新しく党に関心を寄せてくださっている方々に、党の本当の姿を伝えるには、歴史がとても大事だと思います。どういう歴史をその党が歩んできたのか。ここにこそその党の真実の姿が表れます。それを伝えることによって、次の一〇〇年に向けて新しい前進を切り開いていきたい。

こうした意味で、歴史への貢献、自己改革を貫いてきた一〇〇年を歴史にまとめることは、非常に大きな意義をもつと考え、大仕事ですが、力を合わせて作業をすすめ、きょうの発表に至りました。ちょっとホッとしているところです。

女性たちの不屈の青春

戦前論のなかで叙述を厚くするよう補強した

記者　「日本共産党に参加した女性たちの不屈の青春」の節についてうかがいます。四人の（女性）党員は有名です。全員二四歳で亡くなっています。これまでの党史にも記載があったのですか。『百年』史の中でここが一番（印象的）で、二度読んだのはここです。

志位　『八十年』史でも二四歳で亡くなった女性の同志たちのたたかいについてのべています。ただ、今回は、かなり踏み込んでそれぞれの同志について叙述しました。たとえば、それぞれの同志が、どういう思いでこの厳しい時代をたたかい抜いたのか、その生きた声が伝わるように叙述を補強しました。また、この四人の同志は、党（共産青年同盟）の中央に属し、責任ある部署につきながら、たたかいぬいた。そういうことも明確にのべるようにいたしました。

さらに、この時代にわが党に参加した女性たちのたたかいに対して、戦前から始まり、戦後も繰り返されてきたことですが、そのたたかいをおとしめるいろいろな攻撃がやられてきました。「日本共産党は女性を踏み台にして恥じない党」といった攻撃であります。それに対してはきっぱりと事実を示して反論を行うということもいたしました。

日本共産党は、二〇二〇年の第二八回党大会で行った綱領一部改定で、「ジェンダー平等社会をつくる」ことを綱領に書き込みました。そういう党として、戦前の女性の分野のたたかいをさらに重視して光をあて、そこには誇るべきものがあった、もちろんこの時代の歴史的制約もあると思いますが、全体として、きわめて先駆的なたたかいをやった先輩たちがいた。また、そうしたたたかいをやった党があった。それは私たちの誇りですので、力を入れて叙述しました。

戦前論のなかで叙述を厚くするよう補強した部分となりました。

沖縄の位置づけは？

沖縄人民党の歴史を日本共産党の歴史と不可分のものとして叙述

記者　沖縄は、瀬長亀次郎さんなど共産党の活動でも、反戦平和の文脈で重要だと思いますが、党史にどう位置づけられているのですか。

志位　『百年』史の節々で、沖縄県民のたたかいについて、非常に重視して叙述しています。その歴史的意義をまとめて叙述したのは、一七八ページ「沖縄人民党の日本共産党への合流」という節であります。これは『八十年』史にはなかった節で、『百年』史で新しく叙述したものです。

ここには一九四七年に創立された沖縄人民党が、どのような先駆的たたかいを行い、七三年に日本共産党に合流していったのかについて、端的ですが歴史的叙述があります。

沖縄人民党のたたかいについて、「県民が島ぐるみで団結するならば、アメリカの植民地的な支配の現状を必ず変えられるという強い信念と、たたかいの前途を科学の力で見通してゆく先駆性がありました」と述べたうえで、沖縄人民党が果たした先駆的役割を三点にわたって強調しています。

第一に、「祖国復帰」というスローガンは沖縄人民党が言いはじめたものです。ほかの党がなかなか言えなかった時代に人民党が堂々と主張し、「カメさん（瀬長亀次郎）の背中に乗って祖国の岸へ渡ろう」というキャッチフレーズとともに、全県民の要求になっていきました。

第二に、人民党は、沖縄を日本から分離することを取り決めた一九五二年のサンフランシスコ平和条約の第三条の撤廃を要求し、この要求も統一戦線組織の合意になっていきました。

第三に、人民党は、日米安保条約をめぐっても廃棄を掲げ、学習運動に取り組み、やがてこの要求も統一戦線組織の闘争目標にすえられました。

こういう沖縄人民党の先駆的歴史が書かれています。そういう流れの中で、人民党と日本共産党との合流が達成されました。

沖縄人民党の歴史を日本共産党の歴史と不可分のものとして叙述しているということをぜひ注目していただければと思います。

攻防の決着は？

攻防はずっと続く――党を強く大きくし、国民との共同を広げ次の決着を

記者　次の一〇〇年に向けて、党を継承して発展させていくということが書かれています。反共勢力との攻防のプロセスの渦中にあるということですが、次の一〇〇年に向けてこのプロセスをどうやって決着させようと考えていますか。

志位　この攻防のプロセスは、今後も続くと思います。

現在の日本の政党のなかで、国民多数の合意で日米安保条約をなくして、本当の独立国といえる日本をつくり、対等・平等・友好の日米関係を築こうという主張をしているのは日本共産党しかありません。財界・大企業中心の政治に根本からメスを入れようと言っている政党も日本共産党です。

さらに資本主義という体制を乗り越えて、社会主義・共産主義にすすむ大展望を示している唯一の党が日本共産党です。

日本共産党は、矛盾に満ちた現状に決して甘んじないで、「もとから変えよう」と言っている党です。この志を変えることはありません。そうである以上、古い政治にしがみつく勢力からすれば、やはり脅威ですから、この攻防はずっと続くと思います。

どう決着をつけるかということでは、日本共産党が力をつけていく。国民としっかり結びついた、強く大きな党をつくっていく。その力で国政でも地方政治でも躍進をかちとっていく。情勢にそくして国民との共同――統一戦線を発展させ、政治を変える多数派をつくっていく、ということによって、次の決着がつけられるんだろうと思っています。

次の一〇〇年は？

この一〇〇年で日本も世界も変わった
――長いスパンで将来を展望して頑張っていく

記者　次の一〇〇年に向けて、委員長の口からお考えをのべていただきたい。

志位　一〇〇年前と今との違いを考えてみていただきたいと思います。

一〇〇年前は、日本は天皇絶対の専制国家でした。国民の基本的人権は事実上ありません。国民は絶えず弾圧と迫害の対象にされていました。「戦争反対」と言っただけで、つかまり監獄に入れられる時代です。この時代に生きていた人たちからすれば、当時は、天皇中心の国家体制が変わるとは、夢にも思わなかったかもしれません。しかし、変わるときには変わったんです。日本軍国主義の敗北によって、天皇絶対の専制国家から、国民主権の民主主義の国に変わった。一〇〇年という単位で見ると、日本は大きな変化を遂げているのです。

世界もそうです。『百年』史でも論じていますが、この一世紀の世界の大きな流れというのは、かつて地球を覆っていた植民地体制が崩壊して、世界の多くの国が、自主的・自立的な国として国際政治の主人公となる新しい時代が生まれています。その力が核兵器禁止条約にも表れました。

さらに、世界史的な視野で見ると、自由と民主主義の流れ、人権擁護の流れの圧倒的な広がりがあります。

平和の問題でも、戦争の違法化、そして核兵器の違法化、そういう平和のルールがつくられてきました。

一〇〇年という単位で見ると、世界にも巨大な変化が起こっています。ですから一〇〇年後のことを予想するわけにはいかないですが、長い単位で見るならば、必ず変化が起こる。わが党の戦前のたたかいが日本国憲法に実ったように、わが党がいま綱領で掲げている方向が現実のものになると確信しています。

ただ、それは自然には起こりません。たたかいがあってこそ現実のものになる。社会進歩を自覚的に進める政党の役割は大きいということを肝に銘じて頑張る必要があります。

そういう長いスパンで将来を展望して頑張っていくということも、大事だろうと思っています。

旧「優生保護法」
過去にさかのぼって、党の誤りを明確にした

志位　一点だけ、この機会にご報告しておきたいことがあります。私は冒頭に、『百年』史について、過去の欠陥や歴史的制約についてメスを入れているということを強調しました。そ

うした自己分析の記述は、『百年』史の全体にわたっているわけですが、この間、国政で非常に重大な問題となっていることについても、新しい記述があります。旧「優生保護法」にたいする態度の問題です。

この法律は、一九四八年から九六年にわたって存在していたもので、強制不妊手術など憲法上の権利を侵害する許しがたい立法でありました。これに日本共産党がどうかかわったか、今回検証の作業を突っ込んで行いました。その結論として、『百年』では、次のような記述を行いました。

「(一九) 四八年六月、党国会議員団は、旧『優生保護法』(四八～九六年) に賛成するという重大な誤りをおかしました。党は、二〇一八年、旧『優生保護法』の誤りを是正することへの『不作為』の責任があったことを表明しましたが、党の責任は『不作為』にとどまらず、同法の成立、さらに一九四九年、五二年の同法改定に賛成したことにありました」(『日本共産党の百年』新日本出版社、九二ページ)

こうした国政上の非常に重要な問題について、過去にさかのぼって誤りを明らかにし、反省を明確にしたことも報告しておきたいと思います

(「しんぶん赤旗」二〇二三年七月二八日付)

〈資料〉『日本共産党の百年』略年表

党創立と戦前の活動

1922・7　日本共産党創立（15日、東京・渋谷）
1923・2～3　第2回大会（千葉・市川、2月）。臨時大会（東京・石神井、3月）で「綱領草案」を討議。天皇絶対の専制政治を変革し、国民主権の民主政治の実現、侵略と植民地支配反対など22項目の「当面の要求」を確認。綱領全体の審議は未了
　6　治安警察法による最初の党弾圧で執行部を含む約80人が検挙される
　9　関東大震災の際、救援活動をしていた川合義虎（共産青年同盟委員長）ら10人の労働者が亀戸警察署（東京）で殺害される（亀戸事件）
1924・3　弾圧に萎縮して、一部の人々で〝解党〟を決める誤りが生まれる
1925・3　男子普通選挙法成立。4月、治安維持法公布
　8　中央ビューローを組織し、党再建がはじまる
　9　党が合法新聞「無産者新聞」創刊（月2回、26年1月から週刊。29年8月の廃刊まで最大4万部を発行、全国に百数十の支局をもつ）
1926・12　第3回大会（山形・五色温泉）、党を正式に再建
1927・7　モスクワに派遣されていた党代表が「共産主義インタナショナル」（コミンテル

ン）との協議で「日本問題にかんする決議」（27年テーゼ）作成
1928・2　党中央機関紙「赤旗《せっき》」創刊（謄写版刷り）
2　男子普通選挙法による最初の総選挙に、11人の共産党員が労働農民党から立候補。労農党は19万票を獲得し、山本宣治ら2人が当選。日本共産党の党員数400人をこえる
3　天皇制政府、治安維持法で1600人におよぶ日本共産党員と党支持者を検挙（3・15事件）
1929・4　日本共産党と党支持者にたいする再度の大弾圧。約300人をいっせいに検挙（4・16事件）。さらに市川正一ら党指導部の検挙がつづき、逮捕者は約1000人に
1930・7　党中央部を弾圧され、「赤旗」発行中断
1931・1　党中央を再建。2月、「赤旗」34号から再刊
9・18　日本軍が中国東北部への侵略戦争（満州事変）を開始。党は翌19日、「即時撤退」を主張する檄《げき》を発表
1932・3　東京・地下鉄のストライキ（もぐら争議）で、兵士として出征する社員の首切り反対などを求め、勝利
4　「赤旗」69号から活版印刷に。週3日刊から5日刊の発行。発行部数7000部にのぼる
5　日本共産党の代表も参加してコミンテルンで日本問題を検討。「日本における情勢と日本共産党の任務に関するテーゼ」（32年テーゼ）作成。7月、「赤旗」特別号パンフレットとして発行
5　日本共産党「勤労婦人間の活動におけるわが党当面の方針」作成。7月、「赤

旗」の「婦人欄」（15日付、付録）で「婦人大特集」掲載

5　野呂栄太郎の指導のもと、党内外のマルクス主義理論家が参加し、『日本資本主義発達史講座』（全7巻、岩波書店）刊行（〜33・8）

10　静岡県熱海に全国代表者会議を招集。天皇制権力はこの機をとらえ、全国的ないっせい弾圧で党員、共産青年同盟員ら約1500人検挙

1933・1　野呂栄太郎、残された唯一人の中央委員として党の再建にのりだす

2　特高警察が党員作家・小林多喜二を逮捕し、残酷な拷問で虐殺

11〜12　野呂栄太郎、宮本顕治がスパイの手引きで検挙

1935・2　「赤旗」は187号（20日付）を最後に停刊

3　弾圧によって党中央の組織的活動は中断。獄中・法廷や海外、全国各地で、反戦平和の不屈のたたかいがつづく

1937・7・7　盧溝橋《ろこうきょう》事件、日本帝国主義が中国に対する全面的な侵略を開始

1941・12　ハワイ真珠湾攻撃と東南アジア侵攻、アジア・太平洋戦争の開始

1945・8　ポツダム宣言の受諾、敗戦

戦後の党再建から六一年綱領確定へ

1945・10　治安維持法撤廃、政治犯2465人釈放。日本共産党として公然と活動を開始。東京・渋谷の溶接学校跡地（現在の党本部所在地）に党本部をおき、全国で党組織の再建にとりくむ。20日付で「赤旗」再刊（第3号から党指導部としての立場を反映。46・1「アカハタ」と改題）

11　党として主権在民を柱とした「新憲法の骨子」発表

12　第4回大会（党本部）。行動綱領と規約を決定

1946・4　女性が参政権を獲得し、戦後初の総選挙（第22回）、党は213万票、5議席（7月に1人繰り上げ当選で6議席に）

6　主権在民の原則をつらぬく「日本共産党憲法草案」を発表

11・3　日本国憲法公布

1947・4　第1回参院選、党は全国区61万票・3議席、地方区1議席

12　第6回大会（東京）。行動綱領を改正し、冒頭に「ポツダム宣言の厳正実施」「人民による復興と日本の完全な独立」掲げる

1949・1　第24回総選挙、党が躍進、298万票、35議席

7　統一戦線組織・民主主義擁護同盟が結成され、構成員1100万人に。このころ米占領軍、日本共産党撃滅作戦にとりかかる。国鉄、全逓で大量首切り強行。松川事件などの謀略事件が発生。党と労働組合が引き起こしたかのように宣伝し、党員、労組活動家を逮捕

1950・1・6　コミンフォルムが日本共産党批判の「論評」を発表、一度目の干渉

6　第2回参院選、党は全国区133万票、3議席

6　マッカーサーによる日本共産党中央委員、アカハタ編集委員などの「公職追放」を利用し、ソ連・中国の覇権主義的干渉に呼応した徳田書記長らは、勝手に中央委員会の解体を宣言し、党を分裂させる

8・以降　徳田と野坂は北京へ。スターリンによる党干渉の道具となる「北京機関」設置

1951・4　モスクワで、スターリンらが「北京機関」の幹部に「51年文書」と武装闘争の方針を押しつける

8・10　コミンフォルムが二度目の干渉、徳田・野坂分派を認知し、統一のために活動する党組織や党員を「分派」と攻撃

9　対日講和会議開催。サンフランシスコ平和条約、日米安全保障条約調印

10　徳田・野坂分派が「5全協」と称する規約違反の会議を開き、「51年文書」と武装闘争の「方針」を確認

1952・10　第25回総選挙、党は89万票、議席ゼロに

1955・7　「第6回全国協議会」。党を分裂させた側が外国の党との相談のうえで準備した不正常な会議。「51年文書」を「完全に正しい」とするなどの重大な問題点がありつつも、第6回大会選出の中央委員も参加し、武装闘争の路線や派閥的な党指導の誤りを指摘するなど前向きな一歩に

1956・1　第4回中央委員会総会（「6全協」）で「党の統一と団結のための歴史上の教訓として」を採択

6　第7回中央委員会総会で「独立、民主主義のための解放闘争途上の若干の問題について」を採択。「51年文書」を否定し、綱領討議を開始

11　第7回大会の準備のため、「綱領」、「規約」、「50年以後の党内問題の調査」の3委員会を設置

1957・9　第14回拡大中央委員会総会で「日本共産党党章（草案）」（綱領と規約をまとめた案）を決定。「アカハタ」号外で発表

10　第15回拡大中央委員会総会で、第6回大会（1947年）で選出された中央役員も出席して党分裂の経過と責任を解明し、総括文書「50年問題について」を全員一致で採択

10　綱領と規約について全党の討議を活発化させる特別の討論誌『団結と前進』発行

（58年7月・第5集まで発行）

1958・7～8　第7回大会（東京）。「50年問題」を総括し、自主独立の立場を確立。「党章（草案）」の綱領部分を討議。反対意見も出されるもとで引き続き討議することに。行動綱領、党規約を採択

8　中央に綱領問題小委員会設置。61年の第8回大会までに29回開く

11　「党生活の確立と党勢拡大の運動」を提起

1959・3　「アカハタ」日曜版創刊（8ページ建て）

3　「安保条約改定阻止国民会議」（安保共闘）結成

6～8　2回に分け、12日間開いた第6回中央委員会総会で、数十万の党をめざす党勢倍加運動を提唱。「党を拡大強化するために全党の同志におくる手紙」を採択

1959～60　日米安保条約改定反対の国民的大闘争。三池炭鉱の大量指名解雇に対する反対闘争

1960・11～12　ソ連（モスクワ）で開かれた81カ国共産党・労働者党代表者会議で、日本共産党代表団が自主独立の立場で奮闘

1961・7　第8回大会（東京）。党綱領を決定。党員数、読者数は第7回大会当時の2倍をこえる。「アメリカ言いなり」「財界中心」の政治を根本からただす民主主義革命を行い、さらに国民多数の合意で社会主義に進むという大方針を確立。数十万の党をつくる目標を提起

一九六〇～七〇年代

1961　第8回党大会以後、綱領路線にもとづく各分野での開拓的な努力をはかる

1964・4　ソ連共産党が日本共産党の路線と行動に全面的非難をくわえた書簡を送りつけ、7月にこの書簡を一方的に公表。ソ連は反党分派を支援し、日本共産党をソ連追随の党にしようと干渉にのりだす
8　ソ連が核実験を再開。党は、アメリカの核脅迫に対抗して余儀なくされた防衛的なものとみなす（64、65年の中国の核実験でも同様の態度をとる。その後、81年に「核抑止力」論に対する明確な批判的立場を確立）
8　ソ連共産党に「返書」を送り、全面的に反論（「アカハタ」9月2日付）
1965・7　第7回参院選で「くらしをよくする日本共産党の政策」発表。この経験から政策活動の抜本的発展をすすめる
1966・2　「アカハタ」の題字を「赤旗」と改める（97・4から「しんぶん赤旗」）
2～4　党代表団、ベトナム、中国、北朝鮮を訪問。アメリカのベトナム侵略戦争に反対する国際統一戦線の結成を提起。中国では毛沢東が合意していた共同コミュニケを破棄し、会談は決裂
3　中国・毛沢東が「文化大革命」を発動、専制支配の確立をはかる
7　毛沢東が「日中人民の共同の敵」として、「アメリカ帝国主義、ソ連修正主義、日本反動派」とならんで、日本共産党をあげる
10　第10回大会。ソ連と中国の二つの干渉主義と同時にたたかう方針として、「二つの戦線での闘争」を決定
1967・1　北京・紅衛兵の壁新聞で日本共産党を攻撃するなど、中国・毛沢東派による日本共産党への公然とした干渉攻撃開始
3　東京都知事選にむけ、日本共産党と社会党が「政策協定」「共同闘争の体制についての協定」（組織協定）を結ぶ。「明るい革新都政をつくる会」結成。4月、東京

都知事選で、革新統一候補が当選
4 「極左日和見主義者の中傷と挑発」を発表。中国・毛沢東派がおしつけてきた反議会主義と極左冒険主義を徹底的に批判（「赤旗」4月29日付）
10 「今日の毛沢東路線と国際共産主義運動」（「赤旗」10月10日付）で、「文化大革命」の本質も含め、干渉者たちの主張と行動を徹底的に批判
1968・1～2 日ソ両共産党会談でソ連が反党分派との絶縁を言明。干渉は続く
5 安保条約第10条を活用した安保廃棄の道を提起
8 ソ連などワルシャワ条約の加盟5カ国軍隊がチェコスロバキア侵略。党は、科学的社会主義の原則に立って、侵略行為を徹底的に批判
1969・3 「千島問題についての日本共産党の政策と主張」を発表
12 第32回総選挙、党は319万票、14議席（「第1の躍進」開始）
1972・12 第33回総選挙、党は550万票、38議席。党推薦の革新共同・田中美智子、沖縄人民党・瀬長亀次郎も当選。野党第二党に躍進
1973・10 沖縄人民党が日本共産党への合流決定。日本共産党沖縄県委員会確立
11 第12回大会。「民主連合政府綱領についての日本共産党の提案」採択。提案を収録したパンフレットを百数十万冊普及
1976・1 民社党の春日一幸委員長が衆院本会議で戦前の「治安維持法等被告事件」を使って、日本共産党宮本顕治委員長を中傷攻撃。党は国会論戦、ビラ、パンフレット、『文化評論』特集号などで徹底的に反論し、論戦は完全に決着
4 ロッキード事件追及へ、党が攻勢的活動で政局をリード
4 社会党委員長との党首会談（78年にかけて3回）。革新統一戦線の結集をめざすことで合意

1979・7　第13回臨時大会。「自由と民主主義の宣言」採択
10　第35回総選挙、党は575万票、41議席（革新共同含む）
12　日ソ両共産党会談、ソ連は過去の干渉の誤りを認める

一九八〇～九〇年代

1980・1　社会党が公明党と、日本共産党排除、日米安保条約容認の「社公合意」を結び、日本共産党をのぞく「オール与党」体制がつくられる
2　第15回大会。「無党派の諸勢力との共同を軸に、新しい統一戦線運動をおこす」方針を決定し、革新統一懇談会の結成を提唱
1981・5　平和・民主主義・生活向上の「三つの共同目標」をかかげ、全国革新懇が結成される
11　臨時行政調査会（臨調）が提起した「行革」一括法案成立
1982・7　第16回大会。臨調「行革」をきびしく批判
11　中曽根康弘首相、所信表明で「戦後政治の総決算」をとなえ、日米軍事同盟強化、軍拡路線推進をうちだす
1985・9　ドル切り下げ・円高誘導の「プラザ合意」。さらに、日銀による超低金利政策が「バブル経済」とその破綻を引き起こす要因に
1986・11　自公民三党の賛成で国鉄の「分割・民営化」を強行
1988・6　リクルート事件発覚（自民党首脳をはじめ、日本共産党以外の与野党国会議員に未公開株が譲渡された政財官ぐるみの一大疑獄事件）
1989・4　消費税導入が強行され、国民の怒りで「日本列島騒然」

6　中国・天安門事件。中国の党・政府指導部の暴挙を糾弾する声明を発表
7　第15回参院選、党は比例395万票、改選7から5議席に後退
1990・2　第39回総選挙、党は522万票、27から16議席に後退
7　第19回大会。社会主義を「学説」「運動」「体制」の三つの見地に区分してつかむ意義を明らかに
1991・9・1　日本共産党常任幹部会声明「大国主義・覇権主義の歴史的巨悪の党の終焉を歓迎する――ソ連共産党の解体にさいして」を発表（「赤旗」同月2日付）。「世界の平和と社会進歩にとっても、日本共産党にとっても、巨大なプラス」と指摘
1992・6　「社会主義崩壊」論の大逆流のなか、第16回参院選で党は6議席と健闘
10　自民党の金丸信副総裁が、佐川急便からの献金と暴力団とのかかわりで議員を辞職
1993・7　第40回総選挙、党は483万票、15議席。選挙後、社会、新生、公明、日本新党、民社、さきがけ、社民連の7党と参院会派の「民主改革連合」を加えた8党派による「非自民政権」が誕生
1994・1　細川内閣、自民党との談合で、小選挙区制と政党助成金制度を導入
6　社会党委員長の村山富市氏を首相とする「自社さ連立政権」（自民、社会、さきがけ）発足
7　第20回大会。崩壊したソ連は社会主義とは無縁の人間抑圧型の社会だったことを明らかに
1995・5　日経連が非正規雇用の拡大めざす「新時代の『日本的経営』」発表
1996・1　橋本龍太郎内閣のもと、住宅金融専門会社（住専）の不良債権処理のための税金投入が大問題に

1997・7　10　第41回総選挙、党は726万票、26議席獲得
東京都議選、党は13から26議席に倍増、都議会第二党に

1998・6　中国共産党が日本共産党に対する干渉問題での反省を明らかにする

7　第18回参院選、党は820万票、15議席獲得、非改選あわせ23議席に。日本共産党をのぞく「オール与党」体制、「社会主義崩壊」論、「自民か、非自民か」作戦を乗り越え、史上最高の峰をつくる

8　「しんぶん赤旗」インタビュー「日本共産党の政権論について」（不破哲三委員長）を発表

1999・4　統一地方選挙、党は278議席増の2412議席獲得。地方議員数は4403人となり95年以来の「地方議員第一党」を更新

二〇〇〇年代〜今日まで

2000・6　第42回総選挙、公明党・創価学会が自民党の反共戦略の主力部隊となって大規模な反共攻撃をおこなう

11　第22回大会。党の組織と運営の民主主義的な性格をいっそう明瞭にする党規約の抜本的改定をおこなう

2003・11　第43回総選挙、財界主導の保守二大政党による「政権選択選挙」のおしつけ。党は20から9議席に、得票が671万から458万に後退

12　一連の自衛隊の海外派兵法に対し、党はアピール「イラクへの自衛隊派兵――この歴史的暴挙をくいとめる行動に立ちあがろう」を発表

2004・1　第23回大会。1961年の綱領確定以来の、綱領路線を大きく発展させる画期的

な改定をおこなう
6　加藤周一氏、大江健三郎氏ら9人の呼びかけで「九条の会」発足
2007・7　第21回参院選、自民党が改選議席から27議席減、公明党も4人の現職が落選。自公政権に「ノー」の審判下る（9月、安倍内閣は退陣）
9　中央委員会総会で「綱領を語り、日本の前途を語り合う大運動」を提起（2年間に90万人が参加）
2008・9　リーマン・ショック（世界的な経済危機）。日本でも、大量の「派遣切り」によって多くの労働者が路頭に放り出され、「派遣村」がとりくまれる
2009・8　第45回総選挙。自民党・公明党が大敗し、民主党政権が誕生。日本共産党は善戦し、比例494万票、現有9議席を確保
2010・5　国連の核不拡散条約（NPT）再検討会議に党代表団参加
7　第22回参院選、民主党が大きく議席を減らす。日本共産党は、改選4から3議席、得票は前回440万から356万に後退
9　中央委員会総会で根本的な選挙総括をおこない、活動の改革と刷新の方向を打ち出す
2011・3・11　東日本大震災、さらに津波による東京電力・福島第一原発事故が発生
2012・12　第46回総選挙、自公政権が復活し、第二次安倍政権が発足
2013・6　東京都議選、党は8から17議席に躍進
7　第23回参院選、党は改選3議席から8議席に躍進
2014・1　辺野古新基地建設反対の「オール沖縄」が沖縄県名護市長選で勝利。つづいて11月、県知事選で勝利
12　第47回総選挙、党は606万票、前回8から21議席に躍進

2015・4　統一地方選挙、党は史上初めて全都道府県議会の議席確保
5　安倍政権が安保法制＝戦争法案を国会に提出
9・19　「戦争法（安保法制）廃止の国民連合政府」を提唱（「赤旗」同月20日付）し、野党の全国的規模での選挙協力を呼びかける
2016・7　第24回参院選、全国32の一人区全てで野党統一候補を実現、11選挙区で勝利。党は601万票、改選3議席から6議席に躍進
2017・7　国連会議で核兵器禁止条約を採択（条約は21年1月に発効）。党はこの年の3月と7月の2回の国連会議に代表団を派遣
9　第48回総選挙、「希望の党」による共闘破壊の一大逆流から共闘を守り、32の小選挙区で共闘勢力が勝利。党は12議席に後退
2019・7　第25回参院選、全国32の一人区の野党統一候補のうち10選挙区で勝利
2020・1　第28回大会。綱領の一部改定をおこなう
2021・10　第49回総選挙、党は共通政策と政権合意を土台に初めて政権交代に正面から挑戦。共闘勢力は59の小選挙区で勝利。党は10議席に後退
2022・7　第26回参院選、野党共闘と共産党への攻撃、ロシアのウクライナ侵略に乗じた共産党攻撃、憲法9条攻撃の「二重の大逆流」。党は361万票、改選6から4議席に後退
7・15　日本共産党創立100周年
2023・7　『日本共産党の百年』を発表

志位　和夫（しい　かずお）
1954年　千葉県生まれ
1979年　東京大学工学部物理工学科卒業
現在　日本共産党幹部会委員長、衆議院議員
著書『激動する世界と科学的社会主義』（1991年）、『科学的社会主義とは何か』（1992年）、『歴史の促進者として』（1992年）、『21世紀をめざして』（1995年）、『科学・人生・生きがい』（1997年）、『“自共対決”』（1998年）、『民主日本への提案』（2000年）、『歴史の激動ときりむすんで』（2002年）、『希望ある流れと日本共産党』（2003年）、『教育基本法改定のどこが問題か』（2006年）、『韓国・パキスタンを訪問して』（2006年）、『日本共産党とはどんな党か』（2007年）、『ベトナム友好と連帯の旅』（2007年）、『決定的場面と日本共産党』（2008年）、『人間らしい労働を』（2009年）、『アメリカを訪問して』（2010年）、『新たな躍進の時代をめざして』（2012年）、『領土問題をどう解決するか』（2012年）、『綱領教室』〔第１～３巻〕（2013年）、『戦争か平和か』（2014年）、『改定綱領が開いた「新たな視野」』（2020年）、『新・綱領教室』〔上・下〕（2022年）、『ネオマルクス主義――研究と批判』（共著、1989年）、『ネオマルクス主義――研究と批判２』（共著、1991年）

日本共産党《にほんきょうさんとう》の百年《ひゃくねん》を語《かた》る

2024年 1 月15日　初　版

著　者　志　位　和　夫
発行者　角　田　真　己

郵便番号　151-0051　東京都渋谷区千駄ヶ谷 4-25-6
発行所　株式会社　新日本出版社
電話　03（3423）8402（営業）
03（3423）9323（編集）
info@shinnihon-net.co.jp
www.shinnihon-net.co.jp
振替番号　00130-0-13681
印刷・製本　光陽メディア

落丁・乱丁がありましたらおとりかえいたします。

ISBN978-4-406-06791-1 C0031　Printed in Japan